上級日本語学習者対象

アカデミック・ライティングのための
パラフレーズ演習

言い換え　書き換え

鎌田美千子　仁科浩美　著

スリーエーネットワーク

©2014 by KAMADA Michiko and NISHINA Hiromi

All rights reserved. No part of this publication may be reproduced, stored in a retrieval system or transmitted in any form or by any means, electronic, mechanical, photocopying, recording, or otherwise, without the prior written permission of the Publisher.

Published by 3A Corporation.
Trusty Kojimachi Bldg., 2F, 4, Kojimachi 3-Chome, Chiyoda-ku, Tokyo 102-0083, Japan

ISBN978-4-88319-681-4 C0081

First published 2014
Printed in Japan

はじめに

　本書は、アカデミック・ライティングを学ぶ留学生のために作られたテキストです。レポートや論文の書き方を直接学ぶものではありませんが、日本語のどのような点に留意して書けばよいのかを学び、日本語のライティング能力の向上を図ります。

　自分が考えたことを日本語で伝えることができるようになっても、以下のような問題を抱えている人が少なくありません。

- レポートや論文を書く際に、話し言葉の表現を使ってしまう。
- ゼミで用いる発表資料（発表スライド、発表レジュメ）で、箇条書きや短い文でのまとめができず、内容を簡潔に示すことができない。
- 文献などの内容をレポートや論文に引用する際に、自分の文章の展開に合わせて書くことができない。
- 「レポートや論文では書き言葉を用いる」「発表スライドや発表レジュメでは簡潔に示す」と理解していても、実際に生かせない。

　これらの問題には共通して、目的や伝達手段などに応じて適切に言い換えることができない、つまりパラフレーズができないといったことが見られます。大学でのレポートや論文、発表スライド、発表レジュメなどは、たとえ同じ内容であっても、それぞれに適した表現を用いて述べなければなりません。本書では、さまざまなパラフレーズを取り上げ、これらのアカデミック・ライティングに必要な言語表現が適切に使えるようになることを目指しています。

　これまで、留学生を対象にした日本語教材は数多く出版されてきましたが、パラフレーズができるようになるためのテキストは、ほとんどありませんでした。著者の一人である鎌田は、留学生がパラフレーズを行う際の困難点を検証する調査研究を行い、前後の意味を読み取って言い換える学習が必要であるという研究成果を博士論文にまとめました。この研究成果に基づいて作成したテキストが本書です。

　完成までには、試行と改訂を繰り返し行いました。当初は、作成した問題が難しすぎたり易しすぎたりすることもありましたが、協力してくださった多くの留学生の方々や先生方から有益なご意見と温かい励ましをいただき、完成することができました。出版にあたっては、株式会社スリーエーネットワーク編集部の佐野智子さん、柿沼市子さんに大変お世話になりました。心より感謝の意を表します。本書が留学生の皆さんのアカデミック・ライティングに役立つ一冊として広く活用していただけることを願っています。

2014年2月　著者

本書を使って指導する方へ

○本書の目的とねらい

　本書は、**大学でのレポートや論文、発表スライドなどのアカデミック・ライティングにおいて適切にパラフレーズができるようになること**を目的としています。

　「パラフレーズ」とは、目的や伝達手段などに応じて他の表現に言い換える（書き換える）ことを指します。聴いた内容や話した内容を書く場合には、話し言葉と書き言葉といった文体の違いが生じます。また、同じ書き言葉であっても、レポートや論文における文章と、発表スライドにおける見出しや箇条書きでは、それぞれの表現形式が異なります。本書では、このような**「読んだことを書く」「聴いたことを書く」「話したことを書く」「書いた内容を別の表現形式で書きなおす」**といったときに用いるパラフレーズを取り上げ、**外国人留学生のアカデミック・ライティング能力の向上**を目指します。

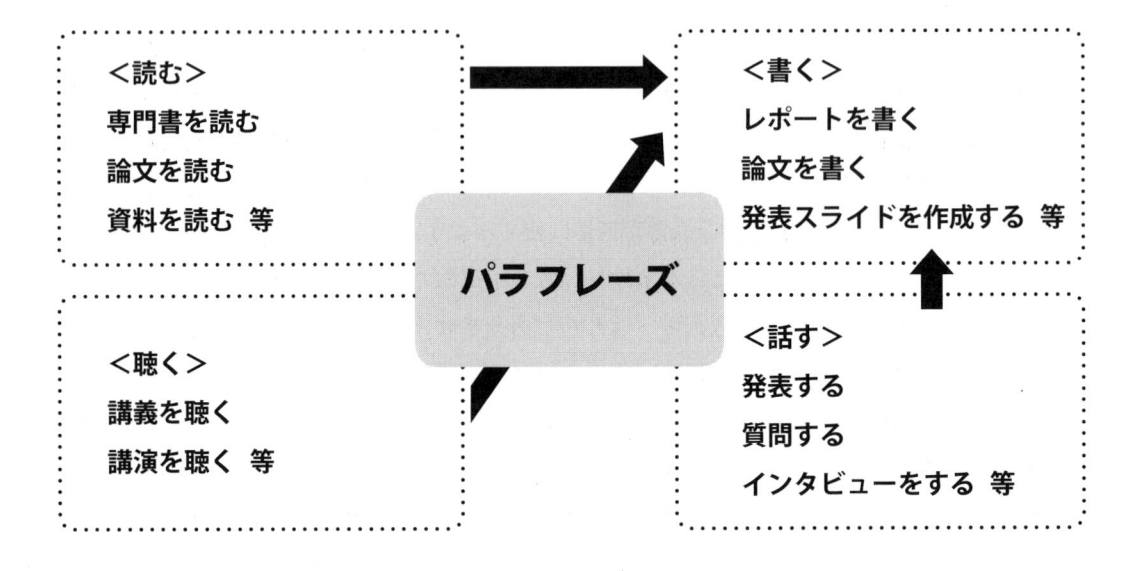

```
<読む>                          <書く>
専門書を読む                    レポートを書く
論文を読む                      論文を書く
資料を読む　等                  発表スライドを作成する　等

            　パラフレーズ

<聴く>                          <話す>
講義を聴く                      発表する
講演を聴く　等                  質問する
                                インタビューをする　等
```

○対象とする日本語レベル

　本書は、日本語で大学のレポートや論文を書く必要がある留学生を対象としています。主に上級レベル（日本語能力試験Ｎ１合格レベル）の学習を想定していますが、問題の中には、中級後半の学習者でも取り組めるものもあります。

○本書の構成と使い方

本書は、以下の三つの部分から構成されています。前頁で述べたパラフレーズを段階的に学ぶことができます。

第Ⅰ部　単語を言い換える（狭い範囲のパラフレーズ）
　　　　主として単語レベルのパラフレーズを取り上げます。
第Ⅱ部　意味を読み取って言い換える（広い範囲のパラフレーズ）
　　　　ある程度の長さのある表現からのパラフレーズを取り上げます。
第Ⅲ部　目的に応じた形式で書く
　　　　大学での実際の課題に近い状況を想定した問題演習を行います。

◆第Ⅰ部　単語を言い換える
◆第Ⅱ部　意味を読み取って言い換える

第Ⅰ部及び第Ⅱ部の各課では、下の図のように、**説明→ステップ1→ステップ2→ステップ3**の順に段階的に進んでいきます。この一連の問題演習を通して各課で取り上げるパラフレーズが身につくようになっています。

各課の最後には、「**言葉の整理**」という欄があります。新しく学んだ内容や表現を各自が振り返り自分なりに整理することを通して、実際のレポートや論文の作成に生かしてほしいと思います。

第Ⅰ部及び**第Ⅱ部**の最後には、第1～4課の内容をふまえた**総合問題**が設けられています。ある程度の長さの文章や図表からなる問題演習に取り組めるようになっています。

説　明	本課のポイントをつかむ
ステップ1	文中の下線部を言い換える
ステップ2	不適切な箇所や簡潔に表したほうがよい箇所を見つけて言い換える（第Ⅰ部第2課、第3課は下線部を言い換える）
ステップ3	まとまりのある文章・談話や図表をもとに指示に従って言い換える
言葉の整理	新しく学んだ内容や表現を各自が振り返り、整理する

◆第Ⅲ部　目的に応じた形式で書く

　第Ⅲ部の実践問題1～3では、大学でのアカデミック・ライティングでパラフレーズをどのように使うのかを学びます。第Ⅰ部及び第Ⅱ部で学んだパラフレーズを意識して取り組めるように、各実践問題は次のような流れで進みます。

　　　書く場面を確認する
　　　　　↓
　　　内容となる文章・談話を読む
　　　　　↓
　　　【内容確認】を行う
　　　　　↓
　　　書　く
　　　　　↓
　　　《さらに練習しよう》を行う

　各実践問題の冒頭には、書く内容となる文章・談話が提示されています。内容をよく理解しないまま書き始めると、パラフレーズをしないで、もとの文章の表現をそのまま抜き出す学習者が多く出てきます。まずは、その文章の内容をよく理解するとともに、どのようなところでどのようなパラフレーズが必要になるのかを考える時間を設けてください。
　《さらに練習しよう》は、授業後の自主的な学習です。自分の専門分野の文献などを用いて取り組むことにより定着を図ります。
　はじめは少し難しく感じる学習者もいますが、実際のアカデミック・ライティングでどのようにパラフレーズを使うのかを学んでほしいと思います。

◆解答例（別冊）

　パラフレーズは答えが一つだけではありません。別冊の解答例には、解答として複数の表現が示されているものもありますが、それら以外にも適した表現がある場合があります。本書を自習用教材として使用する場合には、この点に留意してお使いください。

○授業での活用にあたって

　本書をお使いになる際には、目次通りに第Ⅰ部から順に進めていくことが最も効果的です。それぞれのクラスの状況によっても異なりますが、第Ⅰ部及び第Ⅱ部の各課は、おおよそ30〜45分程度でできる内容になっていますので、90分の授業の前半か後半のどちらかで取り上げるという方法でもお使いいただけます。

　目次通りに最初から順に進めていく以外に、各自の実力にあわせて途中から始めていくこともできます。レポートの書き方を学ぶ主教材と並行して使用する場合には、毎回の授業内容に合わせて必要な練習を適宜選んでお使いいただけます。

　授業の中であまり時間が取れない場合には、教師の説明をもとに各課の導入部を学んだ後、残りの問題を学習者が各自、授業時間外に行うといった活用も可能です。

本書を使って学習する方へ

　これまで日本語を学習してきて、話し言葉と書き言葉の違いや、日常的な言葉と専門的な言葉の違いで「日本語は難しい」と感じたことは、ありませんか。本書では、さまざまなパラフレーズ（言い換え、書き換え）を学び、こうした使い分けが主にレポートや論文、発表スライド、発表レジュメなどでできるようになることを目指します。

　上に挙げた違いは、実は、個々の単語だけではありません。それぞれの述べ方にも現れます。例えば、同一内容のレポートとプレゼンテーションを思い浮かべてください。内容が同じでも、レポートに書く日本語の文は、プレゼンテーションで話す日本語の文と全く同じではありません。レポートに書く日本語の文は、プレゼンテーションで話す日本語の文に比べて比較的短く、まとまっていることが多いです。

　述べ方が違うということは、レポートと発表スライドの場合でも見られます。この二つは「書く」という点では共通していますが、文章で書くレポートと、箇条書きや図表で示す発表スライドとでは、表現する形式が異なります。

　本書では、このような違いに合わせてうまく表現できるようになるために、問題演習を多数行っていきます。これらの問題演習を通して、アカデミック・ライティングに必要な日本語能力を着実に身につけていってほしいと思います。

目次

はじめに　　　　　　　　　　　　　　　　iii
本書を使って指導する方へ　　　　　　　　iv
本書を使って学習する方へ　　　　　　　　viii

第Ⅰ部……単語を言い換える（狭い範囲のパラフレーズ）

第1課　書き言葉　　　　　　　　　　　　3
第2課　和語と漢語　　　　　　　　　　　10
第3課　名詞化　　　　　　　　　　　　　18
第4課　ジャンルによる使い分け　　　　　26
総合問題　　　　　　　　　　　　　　　　34

第Ⅱ部……意味を読み取って言い換える（広い範囲のパラフレーズ）

第1課　長い文／複数の文　　　　　　　　38
第2課　上位概念　　　　　　　　　　　　45
第3課　簡潔な表現　　　　　　　　　　　50
第4課　含意／解釈　　　　　　　　　　　55
総合問題　　　　　　　　　　　　　　　　59

第Ⅲ部……目的に応じた形式で書く

実践問題1　文献を引用する　　　　　　　62
実践問題2　発表スライドを作成する　　　65
実践問題3　インタビューの内容をレポートに書く　　70

解答例　　　　　　　　　　　　　　　　　別冊

第Ⅰ部

単語を言い換える

第1課　書き言葉

日本語では、同じ内容でも話すときと書くときで使われる言葉が異なる(こと)が多い。例えば下の発言Aは、レポートや論文では、Bのようになる。

A.

リチウム電池は、ノートパソコン**とか**携帯(けいたい)電話**とか**、**いろんな**ものに使われ**てます**。電気自動車への本格的な導入が始まり、これからは**もっと**幅広い活用が期待され**ます**。

B.

リチウム電池は、ノートパソコン**や**携帯電話**など**、**さまざまな**ものに使われ**ている**。電気自動車への本格的な導入が始まり、これからは**さらに**幅広い活用が期待され**る**。

レポートや論文では、口語的な表現を使わないようにする。

例.　× 食糧(しょくりょう)自給率は、前年度よりも<u>ちょっと</u>上昇した。
　　　○ 食糧自給率は、前年度よりも<u>わずかに</u>上昇した。

例.　× 液体Aに液体Bを<u>ちょっと</u>加え、その変化を観察する。
　　　○ 液体Aに液体Bを<u>少量</u>加え、その変化を観察する。

例.　× 状況は、20年が経過しても<u>あんまり</u>変わっ<u>てない</u>。
　　　○ 状況は、20年が経過しても<u>あまり</u>変わっ<u>ていない</u>。

ステップ 1

【問題】例のように下線部を言い換えなさい。

例. リチウム電池は、いろんなものに使われている。
　➡リチウム電池は、（　　さまざまな　　）ものに使われている。

1. 若者の失業は、すごく大きな問題である。
　➡若者の失業は、（　　　　　　　）大きな問題である。

2. 余暇の過ごし方で一番多かったのは、「テレビ視聴」であった。
　➡余暇の過ごし方で（　　　　　　　）多かったのは、「テレビ視聴」であった。

3. 解決までにはたくさんの課題が残っている。
　➡解決までには（　　　　　　　）の課題が残っている。

4. 英語がまあまあ話せることが海外研修の応募条件である。
　➡英語が（　　　　　　　）話せることが海外研修の応募条件である。

5. 日本のロケット開発は、今後どのように展開していくのでしょうか。
　➡日本のロケット開発は、今後どのように展開していくの（　　　　　　　）。

6. ①予習してる学生と②予習してない学生の試験の点数を比較した。
　➡（①　　　　　　　）学生と（②　　　　　　　）学生の試験の点数を比較した。

7. 漢字の形は似ているが、元日と元旦の意味は同じじゃない。
   ➡ 漢字の形は似ているが、元日と元旦の意味は（　　　　　　　　　）。

8. 今後、何をしなきゃならないかを考える。
   ➡ 今後、何を（　　　　　　　　　）かを考える。

9. 検討にあたっては、ミクロな視点とマクロな視点の双方が必要であるけど、本稿では、ミクロな視点から論じていく。
   ➡ 検討にあたっては、ミクロな視点とマクロな視点の双方が必要である（　　　　　　）、本稿では、ミクロな視点から論じていく。

10. X地域は、伝統的な文化が①多いし、文化体験が②できるし、外国人観光客にとって魅力的である。
    ➡ X地域は、伝統的な文化が（①　　　　　　　　）、文化体験が（②　　　　　　　　）、外国人観光客にとって魅力的である。

ステップ 2

【問題】例のように、話し言葉の表現に下線を引き、レポートや論文で用いる表現に言い換えなさい。

例. リチウム電池は、いろんなものに使われている。
　　　　➡さまざまな

1. 世界には水不足の問題に取り組んでる国が少なくない。

2. 1990年代みたいな時代は長く続くものじゃありません。

3. 問題の解決には、たぶん時間がかかる。

4. 調査対象人数は5名と少ない。なので、本研究では質的に分析(ぶんせき)する。

5. 日本語では「母に時計をいただいた」という表現はだめである。

6. この制度が運用されてもう5年が経過している。

7. これは、東京や大阪なんかの大都市に見られる現象である。

8. X市の人口は、10年前からだんだん減少している。

9. 職業別では大きな特徴（とくちょう）は見られなかった。で、次に年代別に比較した。

10. 市の中心部と工業地域を結ぶ新交通システムの計画が実現されないまんま15年が経過している。

11. 表示物を見るとき、人は形より色に注目しているんじゃないかという仮説（かせつ）を立てた。

12. 交通事故（じこ）は、午後5時前後に発生しやすいと言われている。でも、場所によっても違いがあるのではないだろうか。

ステップ 3

【問題】以下は、子どもの言語習得について、専門家である今井むつみ教授がインタビューで話した内容の一部である。下線部①〜④に適切な表現を書き、枠の中の文を完成させなさい。

——子どもは、どうやって言葉を覚えるのでしょう。

今井教授：「リンゴ」という言葉をきちんと使えるようになるためには、青いリンゴもあることや、赤くて丸くてもトマトはリンゴじゃないってことを知る必要があります。「リンゴ」という言葉が使える範囲(はんい)をいろんな経験をしながら発見していくんです。 　　（朝日新聞「言い間違い、言葉『発見』のステップ」 2013年5月4日）

　　今井むつみ教授は、子どもが①＿＿＿＿＿＿＿＿＿＿言葉を覚えるのかといった質問に対して、「リンゴ」という言葉を②＿＿＿＿＿＿＿＿＿＿使えるようになるためには、青いリンゴもあることや、赤くて丸くてもトマトは③＿＿＿＿＿＿＿＿＿＿＿＿＿＿＿＿＿＿＿ことを知る必要があり、「リンゴ」という言葉が使える範囲を④＿＿＿＿＿＿＿＿＿＿経験をしながら発見していくと説明している。

言葉の整理

この課で学んだ内容や新しく覚えた表現を整理しよう。

第2課　和語と漢語

　一般的に、和語は口語的な表現・日常的な表現として、また漢語は文章的な表現・専門的な表現として使われる傾向がある。

　例．開催地（かいさい）は、大阪（おおさか）に決まった／決定した。

　　　両国の関係をさらに強くする／強化する。

　　　AとBは似ている／類似している。

　下の例のように、漢語は、どのような言葉と一緒に使うかによって対応（たいおう）する言葉（こと）が異なるため、正しく使い分けることが重要である。

　例．議長を選ぶ。　　　　　　➡議長を選出する。

　　　職業を選ぶ。　　　　　　➡職業を選択（せんたく）する。

　　　新入社員を書類により選ぶ。➡新入社員を書類により選考する。

　例．有害なガスを出す。　　　➡有害なガスを排出（はいしゅつ）する。

　　　学生がレポートを出す。　➡学生がレポートを提出（ていしゅつ）する。

　　　A社から本を出す。　　　➡A社から本を出版する。

　ただし、和語もレポートや論文で使われる。

　例．結果を述べる。

　　　大学生100名に尋（たず）ねた。

　　　外国語を学ぶ。

　　　全く関係がない。

　　　全ての科目が対象である。

本課では、主に動詞に焦点をあてて練習する。

ステップ 1

【問題】例のように適切な語を選びなさい。

例． 議長を選ぶ。

　　　　　　　　　　　　　　　　（ⓐ． 選出する　　b． 選択する　　c． 選考する）

1. 縦書きと横書きで異なる文字を使う。

　　　　　　　　　　　　　　　　（a． 利用する　　b． 使用する　　c． 実用する）

2. 文献を調べるために図書館を使う。

　　　　　　　　　　　　　　　　（a． 利用する　　b． 運用する　　c． 実用する）

3. ジョギングは適度なカロリーを使う。

　　　　　　　　　　　　　　　　（a． 利用する　　b． 消費する　　c． 使用する）

4. 自分が書いた原稿の一部をなおす。

　　　　　　　　　　　　　　　　（a． 改正する　　b． 補正する　　c． 修正する）

5. 文化財の建造物をなおす。

　　　　　　　　　　　　　　　　（a． 修復する　　b． 改善する　　c． 復旧する）

6. パソコンでひらがなの文字を漢字になおす。

　　　　　　　　　　　　　　　　（a． 転換する　　b． 交換する　　c． 変換する）

第2課　和語と漢語

7. 危険区域は中心部から半径50kmの範囲に広がった。
　　　　　　　　　　　　　　　（a. 拡大した　　b. 延長した　　c. 拡散した）

8. 経済的に苦しい家庭の子どもの進学を助ける制度について学んだ。
　　　　　　　　　　　　　　　（a. 援助する　　b. 救助する　　c. 助言する）

9. データを誤って消した場合のために、予備のデータを取っておくべきである。
　　　　　　　　　　　　　　　（a. 消化した　　b. 消耗した　　c. 消去した）

10. 液体Aと液体Bを混ぜ、10分間放置した後、その状態を観察した。
　　　　　　　　　　　　　　　（a. 混同し　　b. 混入し　　c. 混合し）

11. 調査は、毎月1回続けて行われた。
　　　　　　　　　　　　　　　（a. 継続して　　b. 中継して　　c. 持続して）

12. 福祉に関する予算が減らされた。
　　　　　　　　　　　　　　　（a. 減少された　　b. 削減された　　c. 減給された）

ステップ 2

【問題1】例のように下線部を言い換えなさい。

例. 議長を選ぶ。➡議長を（　　選出する　　）。

1. ビザの延長を申し込む。
   ➡ビザの延長を（　　　　　　　）。

2. 調査対象には、未成年者を除いた。
   ➡調査対象には、未成年者を（　　　　　　　）。

3. 骨に含まれるカルシウム量を測る。
   ➡骨に含まれるカルシウム量を（　　　　　　　）。

4. 新しい制度の導入に関して与党と野党の意見が合った。
   ➡新しい制度の導入に関して与党と野党の意見が（　　　　　　　）。

5. 作業時間を通常よりも10分短くする。
   ➡作業時間を通常よりも10分（　　　　　　　）。

6. 産業用ロボットに関する情報を集める。
   ➡産業用ロボットに関する情報を（　　　　　　　）。

7. 利益が上がらない事業を小さくする。
   ➡利益が上がらない事業を（　　　　　　　　）。

【問題Ⅱ】例のように下線部を言い換えなさい。

例. 地方自治体の議会で議長がどのように選ばれているのかを調査する。
   ➡地方自治体の議会で議長がどのように（　選出されている　）のかを調査する。

1. この地域では、自家用車を持っている家庭が全体の6割を占めている。
   ➡この地域では、自家用車を（　　　　　　　　）家庭が全体の6割を占めている。

2. 顧客の個人情報が外部に出ないように細心の注意を払う。
   ➡顧客の個人情報が外部に（　　　　　　　　）ように細心の注意を払う。

3. 図3は、インターネットで商品を買ったことがある人の割合の推移を示したものである。
   ➡図3は、インターネットで商品を（　　　　　　　　）ことがある人の割合の推移を示したものである。

4. 個別に配った資料に基づいて説明を行う。
   ➡個別に（　　　　　　　　）資料に基づいて説明を行う。

5. 浄水器によって水道水に含まれている塩素が取り除かれる。
　➡浄水器によって水道水に含まれている塩素が（　　　　　　　　　）。

6. 上述した手順で①分けたデータから該当箇所を②取り出す作業を行った。
　➡上述した手順で（①　　　　　　　）データから該当箇所を（②　　　　　　　）作業を行った。

7. エネルギー問題の解決に向けて、二国間の強力な関係を作っていくことが必要である。
　➡エネルギー問題の解決に向けて、二国間の強力な関係を（　　　　　　　　　）ことが必要である。

ステップ 3

【問題】以下は、「地震のメカニズム」に関する説明である。レポートに合う表現になるように、この説明の下線部①〜④を漢語に言い換えなさい。

　日本は、地震が多い国である。地震は、どのように①起こるのだろうか。地球の表面には、プレートと呼ばれる複数の岩盤(がんばん)がある。このプレートどうしが②ぶつかると、プレートの境界に強い力が働き、地震が①起こる。

　日本の周囲では、海のプレートである太平洋プレート、フィリピン海プレートが、陸のプレートである北米プレートやユーラシアプレートの方へ１年に数センチの速度で③動いており、陸のプレートの中に沈み込んでいる。このため、日本の周囲では、複数のプレートによって複雑な力がかかっており、地震が④多く起こる。

　　日本は、地震が多い国である。地震は、どのように①＿＿＿＿＿＿＿＿＿＿のだろうか。地球の表面には、プレートと呼ばれる複数の岩盤がある。このプレートどうしが②＿＿＿＿＿＿＿と、プレートの境界に強い力が働き、地震が①＿＿＿＿＿＿＿＿＿＿。

　　日本の周囲では、海のプレートである太平洋プレート、フィリピン海プレートが、陸のプレートである北米プレートやユーラシアプレートの方へ１年に数センチの速度で③＿＿＿＿＿＿＿＿、陸のプレートの中に沈み込んでいる。このため、日本の周囲では、複数のプレートによって複雑な力がかかっており、地震が④＿＿＿＿＿＿＿＿＿。

（気象庁Webページの資料をもとにして作成）

言葉の整理

この課で学んだ内容や新しく覚えた表現を整理しよう。

第3課　名詞化

　発表スライドやレジュメなどでは、箇条書きで簡潔に書くことが多く、例のように動詞を名詞に言い換えることがある。

例.

> 留学生への防災教育の今後の取り組みとしては、例えば多言語版の防災ガイドブック**を作ったり**、避難所マップ**を配ったり**、また避難訓練**を行ったりすること**が考えられます。

↓

発表スライド／レジュメ

```
留学生を対象にした防災教育における今後の取り組み
　・多言語版防災ガイドブックの作成
　・避難所マップの配布
　・避難訓練の実施
```

※箇条書きでは、体言止めもよく使われる。

例．大学院受験の手続き
　　1.　学生募集要項を入試課で入手
　　2.　入学志願書に必要事項を記入
　　3.　研究計画書を作成
　　　　　（以下、略）

第Ⅰ部　単語を言い換える

動詞を名詞に言い換えるには、次の二つの方法がある。

   a.   同じ意味の漢語を用いる

      例．試験では、電子辞書を使うことが禁止されている。

        ➡試験では、電子辞書の使用が禁止されている。

   b.   和語の連用形を用いる

      例．試験では、ノートを持ち込むことが禁止されている。

        ➡試験では、ノートの持ち込みが禁止されている。

※次のように上のa.とb.の両方に対応（たいおう）する語もある。

      例．賞味期限と消費期限が違うことを説明する。

        ➡賞味期限と消費期限の相違を説明する。

        ➡賞味期限と消費期限の違いを説明する。

      例．列車が遅れて、各大学の入試にも影響（えいきょう）が出た。

        ➡列車の遅延が原因で、各大学の入試にも影響が出た。

        ➡列車の遅れが原因で、各大学の入試にも影響が出た。

名詞化では、助詞や助詞相当句（く）も変わる。

      例．防災ガイドブックを作る。

        ➡防災ガイドブックの作成

      例．防災意識に関してアンケート調査を行った。

        ➡防災意識に関するアンケート調査の実施

      例．災害の規模（きぼ）に応じて避難指示が出される。

        ➡災害の規模に応じた避難指示の発令

※助詞「の」をくり返し使わないようにする。

      ×   留学生への防災教育の今後の取り組み

※名詞化は、レポートや論文でもよく使われる。

      例．「防災ガイドブック」は、防災意識を高めることに役立つ。

      例．「防災ガイドブック」は、防災意識の向上に役立つ。

ステップ 1

【問題】例のように下線部を言い換えなさい。

例. 試験では、電子辞書を<u>使うこと</u>が禁止されている。
　➡試験では、電子辞書の（　　使用　　）が禁止されている。

例. 試験では、ノートを<u>持ち込むこと</u>が禁止されている。
　➡試験では、ノートの（　　持ち込み　　）が禁止されている。

1. 本を<u>返すこと</u>は、休館中も可能である。
　➡本の（　　　　　）は、休館中も可能である。

2. インターネットの閲覧(えつらん)では、正しい情報を<u>選ぶこと</u>が必要である。
　➡インターネットの閲覧では、正しい情報の（　　　　　）が必要である。

3. 今後の課題は、安定した生産を<u>保(たも)つこと</u>である。
　➡今後の課題は、安定した生産の（　　　　　）である。

4. 「大学生活で得たものは何か」という質問に対して、「<u>悩んでいること</u>を相談できる友人に出会えたこと」と答えた。
　➡「大学生活で得たものは何か」という質問に対して、「（　　　　　）を相談できる友人に出会えたこと」と答えた。

5. 65歳以上の高齢者人口が増大した要因について、本論文では、国民の平均寿命が延びたこと以外の面から分析する。
   ➡ 65歳以上の高齢者人口が増大した要因について、本論文では、国民の平均寿命の（　　　　　）以外の面から分析する。

6. 国際会議では、多様な人材を使うことに関する方針が示された。
   ➡ 国際会議では、多様な人材の（　　　　　）に関する方針が示された。

7. 停電により社内ネットワークが切れたことで生じた損害は、2億円に及ぶ。
   ➡ 停電による社内ネットワークの（　　　　　）で生じた損害は、2億円に及ぶ。

8. セミナーでは、参加者どうしが学び合うことに重点が置かれた。
   ➡ セミナーでは、参加者どうしの（　　　　　）に重点が置かれた。

9. 国際競争力を高めることを目的にした新しいプログラムが期待されている。
   ➡ 国際競争力の（　　　　　）を目的にした新しいプログラムが期待されている。

10. 日系企業と外資系企業における給与を比べたことによって以下の点が明らかになった。
    ➡ 日系企業と外資系企業における給与の（　　　　　）によって以下の点が明らかになった。

ステップ 2

【問題】例のように下線部を言い換えなさい。

例．試験では、電子辞書を使うことが禁止されている。
→試験では、（　　電子辞書の使用　　）が禁止されている。

例．試験では、ノートを持ち込むことが禁止されている。
→試験では、（　　ノートの持ち込み　　）が禁止されている。

1. アンケートを行うにあたっては、65社の経営者から協力を得た。
→（　　　　　　　　　）にあたっては、65社の経営者から協力を得た。

2. 海外留学を支援する環境を整える必要がある。
→海外留学を支援する（　　　　　　　　　）が必要である。

3. 講演会を開くなどの活動を実施している。
→（　　　　　　　　　）などの活動を実施している。

4. 海岸を埋め立てて道路を拡張する。
→（　　　　　　　　　）により道路を拡張する。

5. 円高が進み、海外に工場をもつ日系企業は対応に苦慮している。
→（　　　　　　　　　）のため、海外に工場をもつ日系企業は対応に苦慮している。

6. ある調査結果では、地域の最優先課題として「ボランティアを育てる」が挙げられた。
   ➡ある調査結果では、地域の最優先課題として「(　　　　　　　　)」が挙げられた。

7. ノーベル賞授賞式では、受賞を喜ぶよりも責任の重さを述べた人が少なくなかった。
   ➡ノーベル賞授賞式では、(　　　　　　　　)よりも責任の重さを述べた人が少なくなかった。

8. 台風が上陸し、都内では私鉄各社が運転を見合わせたため、3万人に影響が出た。
   ➡台風が上陸し、都内では私鉄各社の(　　　　　　　　)によって3万人に影響が出た。

9. 不況によって経営が悪くなった。このことが倒産の原因である。
   ➡(　　　　　　　　　　　　　　　)が倒産の原因である。

10. 災害時には、情報を正確に伝えることが重要である。
    ➡災害時には、(　　　　　　　　　　　)が重要である。

第3課　名詞化

ステップ 3

【問題】以下は、「日本の『食』とウナギ養殖研究」という研究発表の一部である。下線部①〜⑤を箇条書きに合う表現に言い換えなさい。

　ウナギは、和食を代表する食品の一つですが、食卓に並ぶウナギは、①地球規模で減っており、このままでは絶滅するかもしれません。そこで、重要なのが②ウナギを守ることを目的とした研究です。具体的には、ウナギの③生態を明らかにすることと、完全養殖を達成し、天然資源への④影響を軽くするといった内容です。後者について補足すると、ウナギの産卵場調査は⑤1930年代に始まり、産卵をピンポイントで押さえるために、二つの仮説を立てました。一つは、マリアナ沖＊で産卵するという仮説で、もう一つは、新月の時期に産卵するという仮説です。（以下、略）

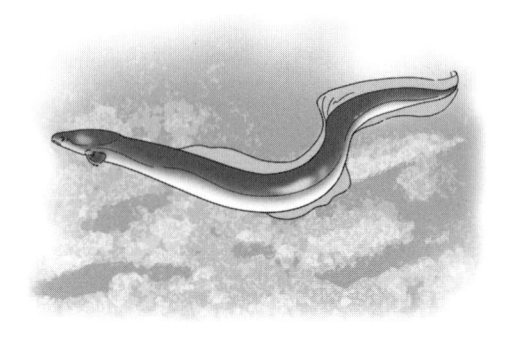

＊マリアナ沖（off the Mariana Islands）：太平洋の北西にあるマリアナ諸島周辺の海。

日本の「食」とウナギ養殖研究

■ウナギの①＿＿＿＿＿＿＿＿＿＿＿＿＿　➡　絶滅？

■②＿＿＿＿＿＿＿＿＿＿＿＿＿を目的とした研究

　1. ③＿＿＿＿＿＿＿＿＿＿＿＿＿

　2. 完全養殖の達成　➡　天然資源への④＿＿＿＿＿＿＿＿＿

　　　・ウナギの産卵場調査・・・⑤＿＿＿＿＿＿＿＿＿＿

　　　　　仮説1　マリアナ沖で産卵する
　　　　　仮説2　新月の時期に産卵する

（朝日新聞「2010農学シンポジウム」東京大学大気海洋研究所教授（当時。現日本大学教授）・塚本勝巳氏の基調講演に関する記事より、2010年12月27日）

24　第Ⅰ部　単語を言い換える

言葉の整理

この課で学んだ内容や新しく覚えた表現を整理しよう。

第4課　ジャンルによる使い分け

レポートや論文で使われる表現は、新聞やエッセイなどの他のジャンルで使われる表現とは異なることがある。新聞とレポートの表現を比べてみよう。

新聞 日本の男女平等国際ランク

「男女平等度」を示す二つの国際ランキングが、**先月から今月にかけて**相次いで発表された。一つの調査で、日本は134カ国中94位と**低迷**。だが、もう一方の調査では、138カ国中12位と**好位置につけた。どちらがホント？**　と言いたくなるが、議会や経営への女性の参加度を重視するかどうかが、順位の差になっている**ようだ**。

（朝日新聞 2010年11月26日）

レポート 国際ランキングにおける日本の男女平等

「男女平等度」を示す二つの国際ランキングが、**2010年10月から11月にかけて**相次いで発表された。一つの調査で、日本は134カ国中94位と**低迷していることが示された**。だが、もう一方の調査では、138カ国中12位と**上位に入った。調査によって結果が異なる**原因は、議会や経営への女性の参加度を重視するかどうかによるものと**考えられる**。

■レポートや論文では使わない表現

a. 「先月」「今月」「来月」などのように、書いた時点と読む時点で指し示す「時」が変わる語

　例．**新聞** 富士山を訪れる外国人数は、<u>昨年</u>よりも増加した。
　　　レポート論文 富士山を訪れる外国人数は、<u>2013年</u>よりも増加した。

b. 体言止め

　例．**新聞** 市長は旧体制を<u>批判</u>。新たな計画を述べた。
　　　レポート論文 市長は旧体制を<u>批判し</u>、新たな計画を述べた。

c. 慣用句・比喩
例. [新聞] 不景気の影響で、100年続いたホテルが静かに幕を下ろした。
[レポート論文] 不景気の影響で、100年続いたホテルが倒産した。

d. だ体
例. [新聞] 不登校への支援ネットワークの構築が今後の課題だ。
[レポート論文] 不登校への支援ネットワークの構築が今後の課題である。

e. 「〜ようだ」「〜らしい」
例. [新聞] この事故は、薬品の爆発によるものらしい。
[レポート論文] この事故は、薬品の爆発によるものと考えられる。

f. 日常的なカタカナ語
例. [新聞] 新モデルは、旧モデルに比べて消費電力が10%ダウンした。
[レポート論文] 新モデルは、旧モデルに比べて消費電力が10%減少した。

※講義や講演などに関する内容や感想を書く場合には使うことができても、調査に関するレポートや論文では使わない表現があるので、注意が必要である。

① 文献を引用する際には、「○○先生」「○○教授」などの敬称を使わない
× 本稿では、山田教授の2013年の論文の分類基準に従い、分析した。
➡山田（2013）

② 「驚いた」「意外だった」などの個人的な感想を述べない
× Z国には1万もの島が存在すると聞き、非常に驚いた。
➡という

③ 「〜そうである」は、使わない
× 今後、議会では、議員数の見直しを行っていくそうである。
➡という

④ 日常的な表現は、使わない
× 一人ひとりの意識が大事である。
➡重要

第4課　ジャンルによる使い分け

ステップ 1

【問題】例のように下線部を言い換えなさい。

例. 一人ひとりの意識が大事である。
　➡一人ひとりの意識が（　　重要　　）である。

1. 当時のお金の価値は現在の10分の1である。
　➡当時の（　　　　　　　）の価値は現在の10分の1である。

2. お金がないために進学をあきらめる高校生を対象にした新たな奨学金制度を検討する。
　➡（　　　　　　）的理由のために進学をあきらめる高校生を対象にした新たな奨学金制度を検討する。

3. 家電製品のリサイクルに要するお金を消費者が負担する。
　➡家電製品のリサイクルに要する（　　　　　　　）を消費者が負担する。

4. 給与を10%カットするという案が示された。
　➡給与を10%（　　　　　　　）という案が示された。

5. 自動車の輸出量が連続して増加。
　➡自動車の輸出量が連続して（　　　　　　　）。

6. これは、国家予算の8分の1に相当する額だ。
　➡これは、国家予算の8分の1に相当する（　　　　　　　）。

7. 本論文では、田中先生の2008年の論文で提示されたモデルに従って検討した。
　➡本論文では、（　　　　　　）で提示されたモデルに従って検討した。

8. 全ての調査協力者が必要事項を記入したことをチェックした後、実験用ビデオの再生を開始した。
　➡全ての調査協力者が必要事項を記入したことを（　　　　　　　）後、実験用ビデオの再生を開始した。

9. 大学生の就職先人気企業トップ3は、A社、B社、C社である。
　➡大学生の就職先人気企業（　　　　　　）は、A社、B社、C社である。

10. この調査結果には、周りのみんなに迷惑をかけたくないという心理が表れているものと思われる。
　➡この調査結果には、（　　　　　　）に迷惑をかけたくないという心理が表れているものと思われる。

第4課　ジャンルによる使い分け　29

ステップ 2

【問題】例のように、レポートや論文ではあまり用いない表現に下線を引き、言い換えなさい。

例． 一人ひとりの意識が<u>大事</u>である。
　　　　　➡重要

1. 本論文では、主として日本と韓国に焦点を当てて考察したため、東アジア全体という枠組みからの検討は、今後の課題だ。

2. 世界自然保護基金WWFによると、2012年現在1万種以上の動物が絶滅の危機にあるそうである。

3. 経営者サイドは、経営方針の転換を検討している。

4. 航空運賃の改定は、原油の金額の高騰によるものである。

5. 正しい計算式とわざと間違えた計算式を順に被験者に示し、その反応(はんのう)を調べた。

6. これまでの研究では、文化面からの検討をやっていない。

7. 地球温暖化は、動植物の生態(せいたい)にもさまざまな影響を及(およ)ぼしている。例えば、桜(さくら)の開花が全国的に早まっていることなど。

8. 両国は、切っても切れない関係にあり、今後、協力関係を一層強化していくものと推(すい)察(さつ)される。

9. 日本語の「かぼちゃ」がカンボジア（Cambodia）の国名に由来していることは、面白い。

10. A市とB市の間には、ごみ施設をめぐり依然として大きな問題が横たわっている。

ステップ 3

【問題】以下は、日本、フランス、韓国における家族旅行について述べた文章とグラフである。この文章の中からレポートや論文ではあまり用いない表現を見つけて適切な表現に言い換えなさい。

　家族旅行は、観光旅行市場において大きなパーセンテージを占める。観光白書によると、家族旅行の回数は、親が子どもであった時の経験によるところが大きいそうである。図1は、日本、フランス、韓国における家族旅行の年間平均実施回数を示したものだ。日本は全体（グラフ右端）で1.10回であり、フランス2.07回、韓国1.89回に比べ低い水準。日本はどの段階でもフランス、韓国より少なくなっている。

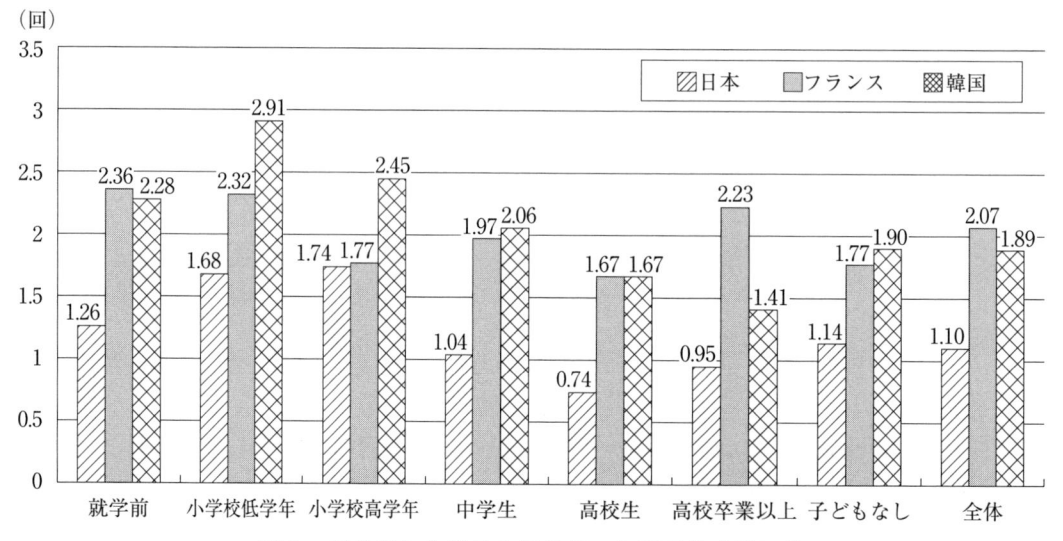

図1　日仏韓における家族旅行の年間平均実施回数

（国土交通省Webページ「観光白書」平成22年度版より作成
http://www.mlit.go.jp/statistics/file000008.html）

① _____ ➡ _____

② _____ ➡ _____

③ _____ ➡ _____

④ _____ ➡ _____

言葉の整理 この課で学んだ内容や新しく覚えた表現を整理しよう。

総合問題

【問題Ⅰ】以下は、「少子化と家族」に関するアンケート調査の結果の一部である。下線部①〜⑧を言い換え、p.35 の図1〜4を完成させなさい。

質問1：いまの日本で、少子化①対策（たいさく）によって、子どもの数が②増えることにどの程度期待できますか。

大いに期待できる	7%
ある程度期待できる	37%
あまり期待できない	48%
全く期待できない	5%

質問2：「晩婚」や「非婚」の人が増えている主な理由は何だと思いますか。（複数回答）

③お金の面で自立した女性が増えた	39%
結婚に対する④価値観（かちかん）が変わった	39%
⑤若い人の雇用や収入が⑥安定しない	38%
自由な生活を望む人が増えた	31%
一人でも便利に暮らせるようになった	24%

質問3：法律を⑦変えることで夫婦が、同じ名字でも、別々の名字でも、自由に選べるようにすることに賛成ですか。反対ですか。

賛成	49%
反対	43%

質問4：⑧あなたやあなたの家族が今後、仕事を失ったり、収入が大幅に減ったりする不安をどの程度感じていますか。

大いに感じている	31%
ある程度感じている	46%
あまり感じていない	17%
全く感じていない	4%

（朝日新聞「少子化と家族」2009年12月27日）

〈調査結果〉

大いに期待できる	7
ある程度期待できる	37
あまり期待できない	48
全く期待できない	5

図1 少子化対策（①　　）子ども数の（②　　）への期待

（③　　）的に自立した女性の増加	39
結婚に対する価値観の（④　　）	39
（⑤　　）の雇用や収入が（⑥　　）	38
自由な生活を望む人の増加	31
一人でも便利に暮らせる	24

図2 「晩婚」「非婚」が増加した主な理由

賛成	49
反対	43

図3 名字選択に関する法律の（⑦　　）への意見

大いに感じている	31
ある程度感じている	46
あまり感じていない	17
全く感じていない	4

図4 （⑧　　）や家族の失業や減収に対する不安の程度

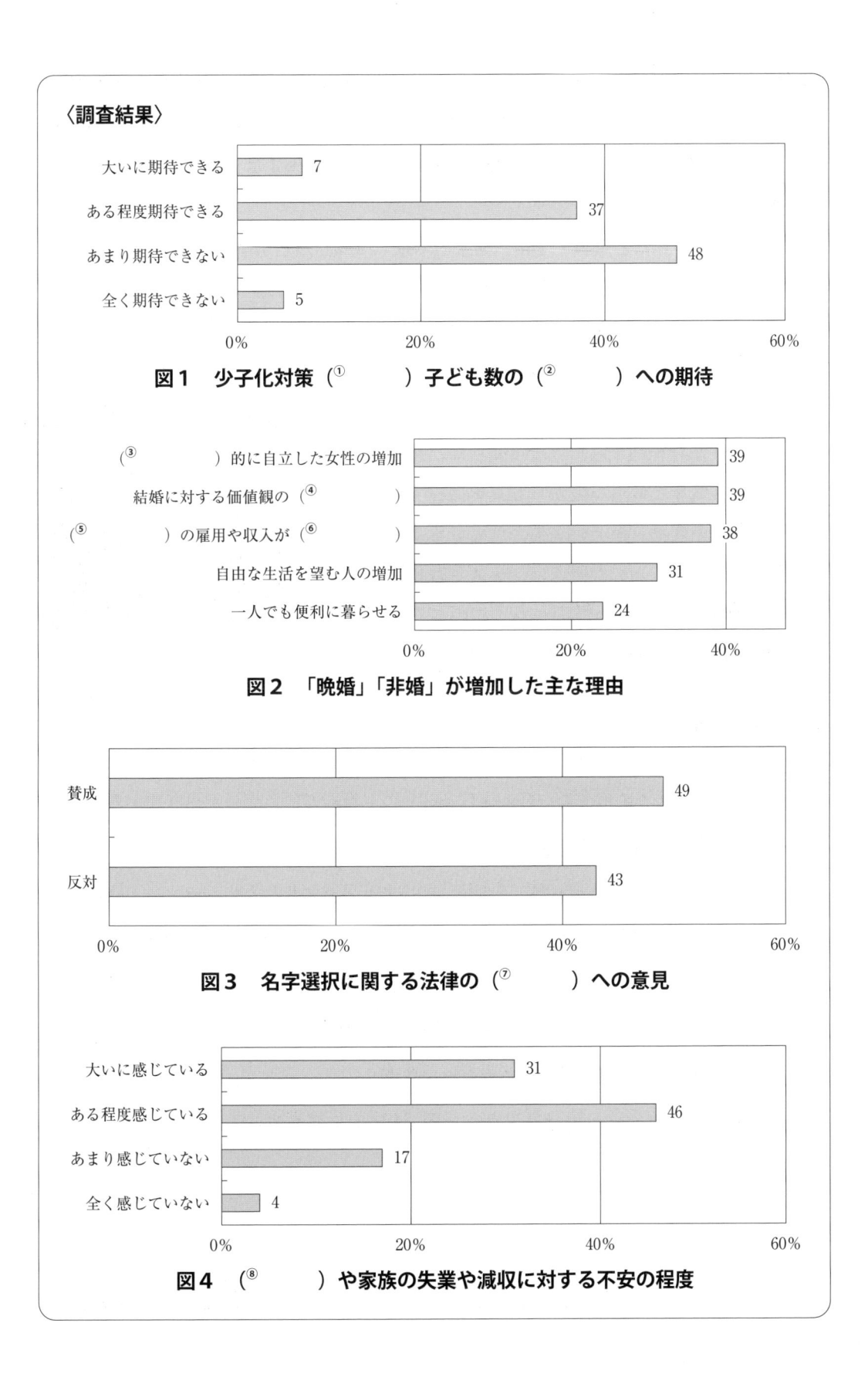

【問題Ⅱ】ある授業で、「講演会『ナスカの地上絵（Nasca Lines）』に出席して講演内容を文章にまとめる」という課題が出た。以下は、その講演会で話された内容の一部である。下線部①～⑧に適切な表現を書き、提出する文章を完成させなさい。

＜講演＞

　みなさん、ご存知だと思いますが、南米のペルーには、鳥とか植物とかが何キロメートルにもわたって描（えが）かれているナスカ台地があります。ナスカの地上絵と呼ばれているものです。このナスカの地上絵については、1920年代に直線と幾何学図形が見つかり、1940年代になると動物の地上絵があることがわかりました。その後、1980年代に、天文考古学者 Anthony Aveni らによって地上絵の分布図を作ろうという試みが行われました。Aveni らは、特殊（とくしゅ）カメラじゃなくて、気球と軽飛行機から写真を撮（と）って、ナスカ台地に762本の直線で地上絵が描かれていることを明らかにしました。当時、この研究は、ナスカ台地全体をカバーした点で高い評（ひょう）価を得ました。このごろでは、ドローンや AI による調査ができるようになってきました。

©山形大学ナスカ研究所

＜提出する文章＞

　講演「ナスカの地上絵（Nasca Lines）」の主な内容は、次のとおりである。1920年代に直線と幾何学図形が①＿＿＿＿＿＿され、1940年代に動物の地上絵が②＿＿＿＿＿＿ことが判明、その後、1980年代に天文考古学者 Anthony Aveni らによって地上絵の分布図の③＿＿＿＿＿＿が試みられた。Aveni らは、特殊カメラ④＿＿＿＿＿＿、気球と軽飛行機からの⑤＿＿＿＿＿＿によって、ナスカ台地に762本の直線で地上絵が描かれていることを明らかにした。当時、この研究は、ナスカ台地全体を⑥＿＿＿＿＿＿点で高い評価を得た。⑦＿＿＿＿＿＿では、ドローンや AI による調査が⑧＿＿＿＿＿＿になってきた。

（参考：坂井正人・門間政亮（2007）「高精度人工衛星画像にもとづく地上絵研究」
『山形大学大学院社会文化システム研究科紀要』、vol.4, pp.107-138、山形大学）

第Ⅱ部
意味を読み取って言い換える

第1課　長い文／複数の文

　字数制限があるなど、文を短くまとめる場合には、以下の表現に注目して言い換えるとよい。

a. 疑問詞

　　例．消費者の意識が**なぜ**変化したのかを分析する。

　　　➡消費者の意識が変化した原因を分析する。

　　例．一週間に**何回**コンビニエンスストアを利用するかを高校生に尋ねた。

　　　➡一週間にコンビニエンスストアを利用する回数を高校生に尋ねた。

b.「〜か〜か」を含む表現

　　例．異常がある**か**ない**か**を報告する義務がある。

　　　➡異常の有無を報告する義務がある。

　　例．世界遺産に登録できる**か**できない**か**を審査する。

　　　➡世界遺産への登録の可否を審査する。

c. 指示詞

　　例．A町では、賛成意見が8割に上った。**これ**に対して、B町では、賛成意見が半数にも満たない。

　　　➡A町では賛成意見が8割に上ったのに対して、B町では賛成意見が半数にも満たない。

　　　➡賛成意見が8割に上ったA町に対して、B町では賛成意見が半数にも満たない。

「名詞化」（➡第Ⅰ部第3課）によっても文を短くすることができる。

　　例．海外へ留学する日本人学生が減少していることに対応して、海外留学を支援する環境を整えることが必要である。

　　　➡海外へ留学する**日本人学生の減少**に対応して、海外留学を支援する**環境の整備**が必要である。

ステップ 1

【問題】例のように下線部を言い換えなさい。

例. <u>消費者の意識がなぜ変化したのか</u>を分析する。
　➡（　　消費者の意識が変化した原因　　）を分析する。

1. <u>どこで調査を行ったか</u>に関わらず、同じ傾向が見られた。
　➡（　　　　　　　　　　　　　　　　）に関わらず、同じ傾向が見られた。

2. <u>留学経験があるかないか</u>によって異文化理解の意識が異なる。
　➡（　　　　　　　　　　　　　　　　）によって異文化理解の意識が異なる。

3. <u>男か女か</u>、また職業別に回答者の記述を以下に示す。
　➡（　　　　　　　　　　）、また職業別に回答者の記述を以下に示す。

4. <u>ボランティア活動を通して何を学んだのか</u>について述べた。
　➡（　　　　　　　　　　　　　　　　　　　　　）について述べた。

5. 世界中の親が<u>共通して願うこと</u>は、子ども自身の幸せである。
　➡世界中の親に（　　　　　　　　　　　）は、子ども自身の幸せである。

ステップ 2

【問題 1】 短くまとめられる箇所(かしょ)に下線を引き、例のように言い換えなさい。

例. <u>消費者の意識がなぜ変化したのか</u>を分析する。
　➡ 消費者の意識が変化した原因

1. いつからこのような現象が見られるようになったのかは不明である。

2. 大学生対象のアンケート調査では、悩みを誰に相談するかを尋ねた。

3. 収集したデータをどのように分類したかを以下に述べる。

4. 親が何歳なのか、またどのような家族構成なのかなどの面から、子ども自身の職業希望を分析(ぶんせき)する。

5. 行政による支援が必要か、必要ではないかは、市民の要望を把握(はあく)してから判断すべきであるという意見が出た。

【問題Ⅱ】二つの文を一つの文に言い換えなさい。

1. 1月の札幌市（北海道）の平均気温は−3.6度である。これに対し、那覇市（沖縄県）の平均気温は17.0度である。

2. 日本人の海外留学者数が減少しているのはなぜか。本章では、その原因を考察する。

3. 使用済みのペットボトルの多くは、リサイクルとして再利用される。この量は、年間15.8万トンにも及ぶ。

4. 日本の大学は、国立・私立を問わず、以前から秋入学の実施にあまり積極的ではなかった。しかし、このような日本の大学も、今後は、大学の国際化に対応するために、秋入学に移行していくと予想される。

ステップ 3

【問題 1】以下は、「10分間読書」について述べた文章である。下線部①、②を簡潔（かんけつ）に言い換えなさい。

　①最近の小・中学校では朝の10分間読書が行われている。これは基礎（きそ）学力の向上にもつながる試みであると考えられている。このような取り組みの背景には、読書が子どもの成長によい影響（えいきょう）を与えるという考え方がある。10分間読書では、②何を読むか、また何ページ読むかなどは、子ども一人ひとりに任されており、伝記を読む子どももいれば、推理（すいり）小説を読む子どももいる。

①＿＿＿＿＿＿＿＿＿＿＿＿＿＿＿＿＿＿＿＿＿＿＿＿＿＿＿＿＿＿＿＿＿＿＿

＿＿＿＿＿＿＿＿＿＿＿＿＿＿＿＿と考えられている。このような取り組みの背景には、読書が子どもの成長によい影響を与えるという考え方がある。10分間読書では、②＿＿＿＿＿＿＿＿＿＿＿＿＿＿＿＿＿＿＿＿＿＿＿＿は子ども一人ひとりに任されており、伝記を読む子どももいれば、推理小説を読む子どももいる。

【問題Ⅱ】以下は、大学生を対象にしたアンケート調査の結果の一部である。この結果を示す図1、図2のタイトルを書きなさい。

質問1：大学卒業後の進路を、いつ頃から考え始めましたか。（図1）

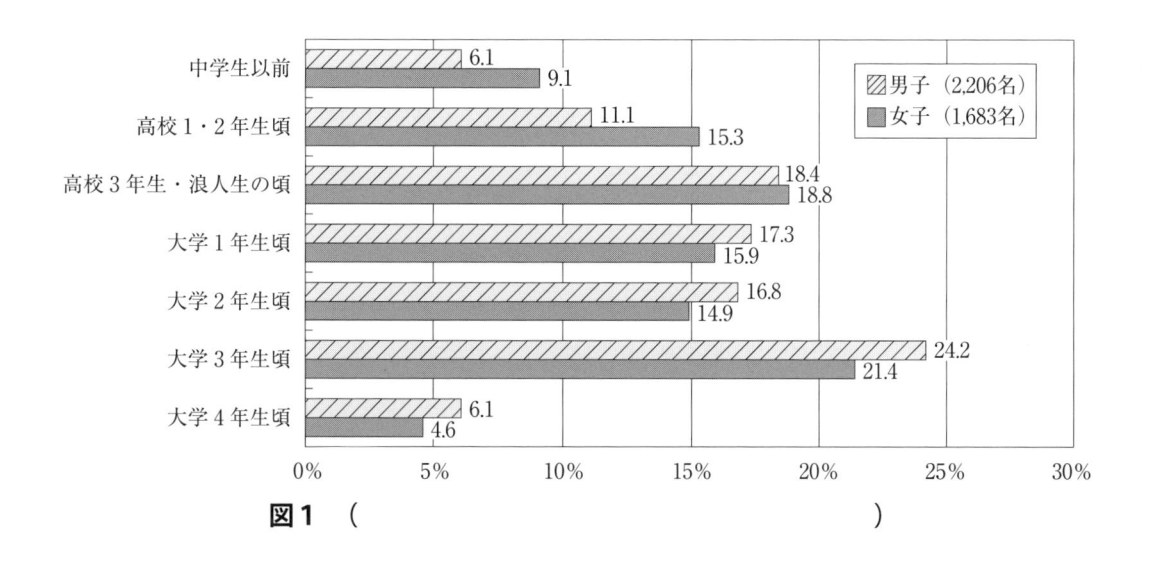

図1（　　　　　　　　　　　　　　　　　　　　　　　）

質問2：大学卒業後はどのような進路を希望していますか。（複数回答）（図2）

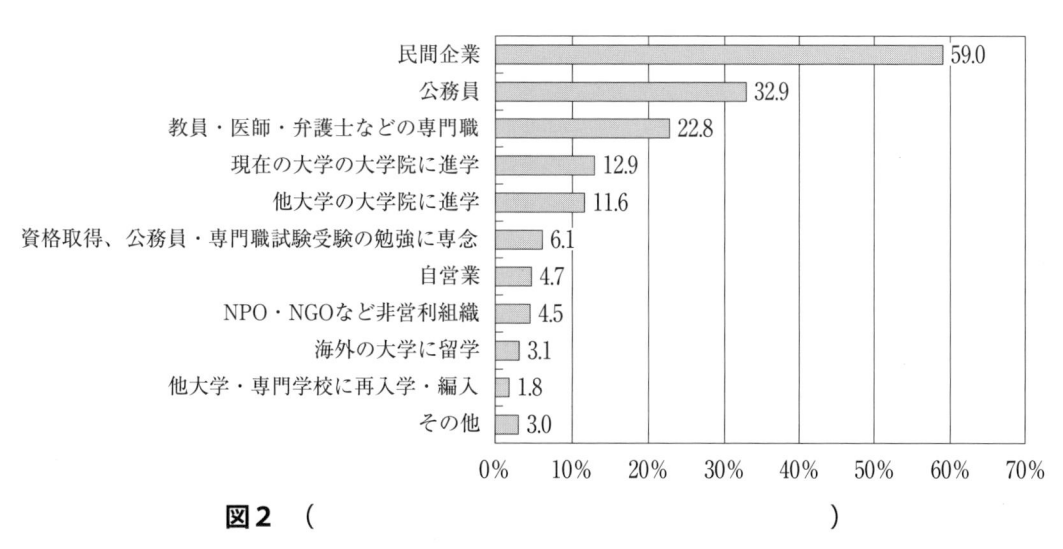

図2（　　　　　　　　　　　　　　　　　　　　　　　）

（ベネッセ教育総合研究所 Web ページ「第2回 大学生の学習・生活実態調査」
http://berd.benesse.jp/berd/center/open/report/daigaku_jittai/2012/hon/pdf/data_17.pdf）

言葉の整理

この課で学んだ内容や新しく覚えた表現を整理しよう。

第2課　上位概念

上位概念を示す言葉は、具体的な表現を総称して表すときに使われる。

例．
晴れ	父	赤
雨	母	青
くもり ➡ <u>天気</u>	兄 ➡ <u>家族</u>	白 ➡ <u>色</u>
雪	妹	茶
⋮	祖母	⋮
	⋮	

聴いた内容や読んだ内容を文章にまとめる場合には、個々の事柄や事象をまとめて簡潔に表したほうがよい。

●インタビュー

> 各市町村の**公民館、図書館、市民体育館、公園など**を充実させるための事業を今後3年間で2倍に増やす計画があります。

●レポート

> 　A県都市計画課へのインタビューでは、各市町村の**公共施設**を充実させるための事業を今後3年間で2倍に増やす計画があることが述べられた。

上位概念を示す言葉は、ある語や物、事柄を説明する際にも使われる。

例．ほうれん草は、<u>緑黄色野菜</u>の一種である。
例．職業選択の自由は、<u>基本的人権</u>の一つである。
例．マーケティング論は、<u>経営学</u>に属する。

ステップ 1

【問題】例のように下線部を言い換えなさい。

例．各市町村の<u>公民館、図書館、市民体育館、公園</u>などを充実させる。
　➡各市町村の（　　　公共施設　　　）を充実させる。

1. 個々の観光地への来訪者数は、<u>春、夏、秋、冬</u>によって異（こと）なる。
　➡個々の観光地への来訪者数は、（　　　　　　　　）によって異なる。

2. 20代の大学生100名を対象に、<u>父と母</u>の老後の生活について尋（たず）ねた。
　➡20代の大学生100名を対象に、（　　　　　　　　）の老後の生活について尋ねた。

3. 1950年代の<u>机や本棚（ほんだな）、椅子（いす）、ベッド</u>などのデザインに関する資料を収集した。
　➡1950年代の（　　　　　　　　）のデザインに関する資料を収集した。

4. 学校に来る方法が<u>自転車か、バスか、地下鉄か、徒歩か</u>により、ひと月の支出が異なる。
　➡通学の（　　　　　　　　）により、ひと月の支出が異なる。

5. 本研究では、<u>金をはじめ、銀や銅、鉄</u>に対するアレルギー反応（はんのう）を検証（けんしょう）する。
　➡本研究では、（　　　　　　　　）に対するアレルギー反応を検証する。

6. 各国における<u>農業、林業、水産業、鉱業、工業、商業</u>などの特徴（とくちょう）を詳述（しょうじゅつ）する。
　➡各国における（　　　　　　　　）の特徴を詳述する。

46　第Ⅱ部　意味を読み取って言い換える

ステップ 2

【問題】 レポートを書く際に一語にまとめたほうがよい部分に下線を引き、例のように言い換えなさい。

例． 各市町村の<u>公民館、図書館、市民体育館、公園</u>などを充実させる。
　　　➡公共施設

1. 本研究では、日本で使われているひらがな、カタカナ、漢字について歴史的に考察する。

2. 調査した国名を A、B、C の順に並べる。

3. 1円玉、5円玉、10円玉、50円玉、100円玉、500円玉の1年間の製造枚数は、約9億枚に上る。

4. 1カ月の電気、ガス、灯油などにかかる費用を算出した。

5. 来日する外国人観光客の多くが炊飯器、テレビ、掃除機などを購入することを踏まえて、ニーズにあった観光プランを計画する。

ステップ 3

【問題】下の図は、アメリカ、フランス、イギリス、イタリア、スウェーデン、ドイツ、日本、韓国の女性管理職の割合＊を比較したものである。この図を説明する文として下線部_____を書きなさい。

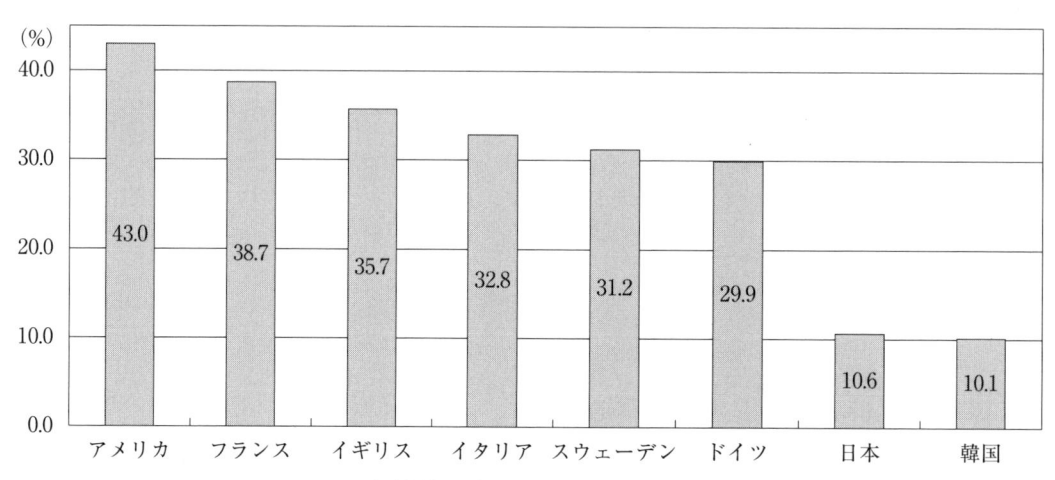

図1 女性管理職割合の国際比較（2010年）

アメリカ	フランス	イギリス	イタリア	スウェーデン	ドイツ	日本	韓国
43.0	38.7	35.7	32.8	31.2	29.9	10.6	10.1

　図1は、アメリカ、フランス、イギリス、イタリア、スウェーデン、ドイツ、日本、韓国の8カ国における女性管理職の割合を示したものである。女性管理職の割合が最も高い国はアメリカで、43.0％である。①_____の国々における女性管理職の割合は、約3〜4割となっている。日本は、韓国をわずかに上回るが、②_____諸国に比べてかなり低い。

＊女性管理職の割合：管理的職業に占める女性の割合

資料出所：日本＝総務省統計局「労働力調査」、その他＝（独）労働政策研究・研修機構「データブック国際労働比較2012」

言葉の整理

この課で学んだ内容や新しく覚えた表現を整理しよう。

第3課　簡潔な表現

　聴いた内容や読んだ内容を文章にまとめる場合には、表現を簡潔に表したほうがよい。

例．<u>卒業の前に途中で辞めてしまう</u>大学生の問題を検討する。
　➡<u>退学する</u>大学生の問題を検討する。

例．<u>人と人との関係</u>についての悩みは、ストレスの原因の最も代表的なものである。
　➡<u>人間関係</u>についての悩みは、ストレスの原因の最も代表的なものである。

　アンケート調査で得た自由記述の回答をレポートに書く場合にも簡潔に表したほうがよい。

例．

●アンケート

> 質問10　最近の雇用対策について、何かご意見があればお書きください。
>
> 以前に比べて良くなってきているとは思うが、まだ十分ではないと思う。**会社が倒産して職を失う**という問題は、**若い人たちのこれから先**の生活にも影響する。

●レポート

> 今回の調査アンケートの自由記述の回答には、**失業の問題は若者の将来**の生活にも影響するといった指摘があった。この点について、厚生労働省の調査結果を見ると、（以下、略）

ステップ 1

【問題】例のように下線部を一語で言い換えなさい。

例．卒業の前に途中で辞めてしまう大学生の問題を検討する。
　➡（　　　　退学する　　　　）大学生の問題を検討する。

1. 1カ月の食費、光熱費、雑費のすべてを合わせた額を算出する。
　➡1カ月の食費、光熱費、雑費の（　　　　　　　　　　）を算出する。

2. 1年間に降る雨の量を都市別に比較する。
　➡（　　　　　　　　　　）を都市別に比較する。

3. 自動二輪の販売台数は、20年前と比べて非常に大きく減少している。
　➡自動二輪の販売台数は、20年前と比較して（　　　　　　　　　　）。

4. この仏像は、約1300年前に制作されたものと推定(すいてい)されるが、作者ははっきりわかっていない。
　➡この仏像は、約1300年前に制作されたものと推定されるが、作者は（　　　　　　）。

5. 図5は、自分の子どもと一緒に住んでいる高齢者の割合を都市別に示したものである。
　➡図5は、自分の子どもと（　　　　　　　　　　）高齢者の割合を都市別に示したものである。

ステップ 2

【問題】レポートの文として簡潔に表したほうがよい箇所(かしょ)に下線を引き、例のように一語で言い換えなさい。

例． 卒業の前に途中で辞めてしまう大学生の問題を検討する。
　➡ 退学する

1. 介護に携(たずさ)わる人材の確保(かくほ)は、急いでしなければならないことである。

2. 自由に使える、余った暇(ひま)な時間の過ごし方に関する調査では、「国内観光旅行」「ドライブ」「外食」などが上位を占めた。

3. 電気自動車が広く使われることに向けた事業を推進する。

4. 航空機事故(じこ)の70％以上は、機械の故障ではなく、人が誤って起こしたミスによるものである。

5. この大学では、学生の自主性を重要なものとしてとらえている。

ステップ 3

【問題】以下は、ゼミの発表であなたが話した内容の一部である。二重下線部＿＿＿＿を
レポートに合う表現として簡潔に言い換えなさい。

＜発表の一部＞

　自動車の追突事故を防ぐために、<u>前の車との間の距離を十分にとって、急に加速したり減速したりしないでスピードを変えずに運転すること、このこと</u>については、先ほど話した通りです。
　一方、自動車側に目を向けると、先進技術を使って安全運転を支援するシステムの開発が行われています。このシステムが導入されている自動車は「先進安全自動車」と呼ばれています。次に、この「先進安全自動車」に搭載(とうさい)されているさまざまな技術について説明します。（以下、略）

＜レポート＞

　自動車の追突事故を防ぐために、＿＿＿＿＿＿＿＿＿＿＿＿＿＿＿＿＿＿＿

＿＿＿＿＿＿＿＿＿＿＿＿＿＿＿＿＿＿＿＿＿＿については、前述した通りである。

　一方、自動車側に着目すると、先進技術によって安全運転を支援するシステムの開発が行われている。このシステムが導入されている自動車は「先進安全自動車」と呼ばれている。次に、この「先進安全自動車」に搭載されているさまざまな技術について説明する。（以下、略）

言葉の整理 この課で学んだ内容や新しく覚えた表現を整理しよう。

第4課 含意／解釈

　文字どおりの意味ではなく、その表現に含まれる意味のことを「含意（がんい）」という。聴（き）いた内容や読んだ内容を文章にまとめる場合には、含意を表すことが重要である。含意を読み取るには、前後の文や文章全体にも注意する。

　例．大学の掲示（けいじ）物の字が小さくて読みにくい。必要な情報が読み取れず、情報を見逃すことがある。
　➡大学の掲示物の字を読みやすく大きくしたほうがよい。

　例．この地域は一般道でも渋滞（じゅうたい）することがほとんどない。新しく高速道路ができても利用する人がいるだろうか。
　➡この地域に新しく高速道路ができても誰も利用しないだろう。
　➡この地域に新しく高速道路を建設しても無駄（むだ）である。

　調査結果について述べるときには、結果の記述だけでなく、そのデータが何を示しているのかを読み取り、文章化する。

　例．自身の消費行動について、「実際に現物を見て商品を確認してから購入（こうにゅう）する」ことについて「当てはまる」との回答は7割を超えているほか、「多少高くても品質の良いものを選ぶ」「買う前に機能・品質・価格（かかく）等を十分に調べる」が約6割となっており、<u>多くの消費者は、商品購入に際して注意深く行動している</u>。

（消費者庁 Web ページ「平成24年度版　消費者政策の実施の状況［概要］」
http://www.caa.go.jp/adjustments/pdf/25hakusho_gaiyo.pdf）

ステップ 1

【問題】次の下線部＿＿＿の意味の言い換えとして適切なものを選びなさい。

1. A氏は、経験も実績も十分である。<u>次の委員長にどうかと思っている。</u>
    a. A氏が次の委員長になったほうがよい。
    b. A氏が次の委員長にならないほうがよい。
    c. A氏が次の委員長になるかどうかはわからない。

2. A氏は、経験も実績も十分ではない。<u>次の委員長にどうかと思っている。</u>
    a. A氏が次の委員長になったほうがよい。
    b. A氏が次の委員長にならないほうがよい。
    c. A氏が次の委員長になるかどうかはわからない。

3. 携帯電話は着信音がいつ鳴るかわからない。授業中は、<u>携帯電話の電源を切ることになっている。</u>
    a. 携帯電話が発する電波は、有害である。
    b. 授業中は電話を使うことはないので、電気を節約したほうがよい。
    c. 携帯電話の着信音は、授業の妨げになる。

4. 市では採算が合わない路線バスに補助金を出しているが、赤字が続いている。バス会社は、<u>利用客がいないと路線バスが廃止になってしまう</u>ことを市民に呼びかけている。
    a. なるべく路線バスを利用してほしい。
    b. バス料金の値上げがあるかもしれない。
    c. 路線バス廃止後の新たな交通手段を見つけてほしい。

5. 大学生の就職活動では有名大企業が人気であるが、そうした企業であっても<u>経営方針が違う外資系企業に買収されることもある。</u>もはや会社の事業拡大に自分の成長を重ね合わせて考える時代ではない。
    a. 経営方針の特徴を分析する必要がある。
    b. 将来的にも安定した職場かどうかはわからない。
    c. 外資系企業としての発展性が注目されている。

ステップ 2

【問題】文の意味を読み取って例のように言い換えなさい。

例. この地域は一般道でも渋滞することがほとんどない。新しく高速道路ができても利用する人がいるだろうか。
　➡この地域に新しく高速道路を建設しても（　　無駄である　　）。

1. 普段は、大学の同じ学科の友人、サークルの先輩・後輩、研究室の学生・教員などと話をする機会が多く、それ以外の人たちとのつきあいはほとんどない。
　➡普段は、（　　　　　　　　）でのコミュニケーションに限られる。

2. アンケートの自由記述には、「なぜ他の町と合併しなければならないのか疑問に思う」という回答があった。
　➡アンケートの自由記述には、他の町との合併に対して（　　　　　　）的な回答があった。

3. 外国人観光客が増えているにもかかわらず、まだ日本語版のパンフレットしか準備されていない。観光案内所には、多言語版のパンフレットに関する要望が多く寄せられている。
　➡外国人観光客の増加に対応し、観光案内所に多言語版のパンフレットが（　　　　　　　　　　）。

4. 厚生労働省によると、平成25年度における1時間あたりの最低賃金は、全国平均764円である。東京都が最も高く869円、次いで神奈川県が868円、大阪府が819円となっている。これに対し、島根県、高知県、沖縄県などは664円である。
　➡大都市がある都府県と、そうでない地方の県とでは、最低賃金に（　　　　　　）が生じている。

ステップ 3

【問題】以下は、「脳の働きと食事」について述べた文章である。下線部_____に読み取った内容を書きなさい。

　科学技術振興機構（JST）が2004～09年に全国の小学生951人に実施した研究で、朝ごはんのおかずが「ない」または「少ない」と答えた子ほど、記憶力や図形認識などのテストの成績が低い傾向がみられた。

　そこで09年、朝ごはんを食べる習慣のある大学生6人を対象に、朝食として①水だけ②糖分だけ③たんぱく質や脂肪、ビタミン、ミネラルも含む流動食、を食べてもらった。その後、単純計算や機能的磁気共鳴断層撮影（fMRI）*で撮影しながら記憶テストを3回実施したところ、①や②に比べ、③は脳の働きが活発だった。疲労感や集中力も、③の食事の方が改善されたという。

（朝日新聞　2011年1月19日）

*機能的磁気共鳴断層撮影（fMRI）（functional magnetic resonance imaging）：
　脳が機能しているときの血流の変化などを画像化する方法。また、その装置。

　従来の研究では、糖分が脳のエネルギーになることが指摘されてきたが、大学生を対象にした研究結果からは、_____

_____ことが示唆された。

言葉の整理　この課で学んだ内容や新しく覚えた言葉を整理しよう。

総合問題

【問題】 以下は、「地方経済の活性化」に関して述べた文章である。120字以内に要約しなさい。

　人口減少の問題を抱える町に自動車や家電製品の大工場ができれば、雇用の増加とともに、地域の商店街が再びにぎやかになるのではないかという期待が高まる。だが、買い物客は地域外の近隣の新しい大型商業施設に流出してしまい、①もともとの商店街はシャッターが下りたままといった前例も少なくない。

　②そのような状況の中で、地方経済の活性化の面から注目されているのが映画やドラマのロケ*地の誘致である。自分たちが住んでいる町がストーリーの一部として映像になることは、単に町の話題になるだけではなく、一定の経済効果が見込まれるからである。

　地方の町が長期間にわたってロケ地になることの経済効果は、隣接する商店街にとどまらない。タクシー、バスなどの運輸業をはじめ、土産物に関係する製造業や販売業、パンフレットや地図などに関係する印刷業などにも及ぶ。さらには、町を訪れる観光客が宿泊する旅館やホテルの業績も上がれば、その影響は、近隣の飲食店とそこに材料を卸す食品業者、契約農家、流通業者にも広がっていく。

　　　*ロケ（location）：映画やテレビなどで、撮影所や放送局以外で、自然の景色や街並みを背景に撮影すること。

◇以下の点について考えてみよう。
・下線部①「もともとの商店街はシャッターが下りたまま」とは、どのような様子を表しているか。
・下線部②「そのような状況」とは、どのような状況か。
・この文章では、町が映画やドラマのロケ地になることによる経済効果が具体的にどのようなところに現れると予想しているか。
　また、それをまとめて表現すると、どのような一文になるか。

〈要約〉

第III部

目的に応じた形式で書く

実践問題1　文献を引用する

■以下の場面を想定して、実際に書いてみよう。

場面
「グローバルキャリア教育」に関するレポートを書くために文献を読んだところ、以下のように説明されていた。下線部＿＿＿の内容をレポートに書きたい。

＜読んだ文献の一部＞

※以下では、学習上、ふりがながふってあります。

第3章　グローバルキャリア教育の開発

1) キャリア教育の考え方
キャリア発達と労働市場でのマッチング

　新規採用で重視する能力として、経済同友会は大学・大学院卒に対して、第1位に熱意・意欲、第2位に行動力・実行力、第3位に協調性を挙げ、経団連はコミュニケーション能力を筆頭に、主体性、協調性、チャレンジ精神、誠実性、責任感を挙げている（図1）。こうした企業側の意向は、近年あまり変化していない。しかし、早期離職やフリーターの問題が示すように、産業構造や就業構造の変化のなかで、企業側の採用意図と新卒者の意識や能力との間にはズレが生じている。

（略）

2) グローバルキャリア教育の構想
グローバルキャリア教育の理念と方法

　グローバルキャリア教育の定義として、「グローバルマインドの啓発・育成・実践を通じて、自覚と自律に基づく持続的なキャリア形成を支援する教育」を提案したい。すでに述べたように、ここで言うグローバルマインドとは、「多様な文化や価値観との相乗作用によって、新たな価値を生み出そうとする発想や行動様式」を意味する。

　グローバルキャリア教育の目的は、グローバルマインドの啓発・育成・実践を通じて、多文化のもとで問題解決や価値創造に取り組もうとする人材を養成することである。グローバルマインドの啓発・育成は、どのようになされるのか。それをなすのは、第一線の実務家・研究者、参加者との対話や接触から受け取る「インスピレーション」、これによる行動や規範の模倣、価値観の伝播である。講師は学生から見れば「雲の上の人」であるが、身近に接することでこの敷居を乗り越えていく。

（以下、略）

文献：友松篤信（2012）「第3章　グローバルキャリア教育の開発」友松篤信編『グローバルキャリア教育―グローバル人材の育成―』ナカニシヤ出版

【内容確認】 内容と合っているものに○、合っていないものに×をつけなさい。

1. (　　) グローバルキャリア教育では、グローバルマインドの啓発・育成・実践を行う。
2. (　　) グローバルキャリア教育の目的は、多国籍企業で働くことができる人材の養成である。
3. (　　) グローバルマインドの啓発・育成によって単一の価値観が形成される。
4. (　　) グローバルキャリア教育の具体的な方法については、述べられていない。

　文献を引用する際には、①出典(しゅってん)を示すことと、②自分の文章と引用部分との区別を明確にすることが重要である。引用には、元の文を変えずにそのまま引用する方法と、要約して引用する方法がある。

　以下では、そのまま引用する方法で書く練習をする。

| 引用する | 文献中の「それ」（二重下線部_____）を言い換えて、下線部を引用する文を書きなさい（引用部分を「　」に入れること）。 |

友松（2012）は、_____

_____

_____

_____

_____

_____

実践問題1　文献を引用する

以下のように、長い文章のまま引用する方法もある。

　友松（2012, p.17）は、グローバルキャリア教育の目的を次のように述べている。
　　　グローバルキャリア教育の目的は、グローバルマインドの啓発・育成・実践を通じて、多文化のもとで問題解決や価値創造に取り組もうとする人材を養成することである。グローバルマインドの啓発・育成は、どのようになされるのか。それをなすのは、第一線の実務家・研究者、参加者との対話や接触から受け取る「インスピレーション」、これによる行動や規範の模倣、価値観の伝播である。

《さらに練習しよう》……………………………………………………………………
　「グローバルキャリア教育」に関連する事柄について調べ、その内容を引用しながら自分の考えを書いてみよう。

　　（参考）グローバル化
　　　　　　グローバル人材
　　　　　　キャリア教育
　　　　　　異文化
　　　　　　海外志向・国内志向
　　　　　　大学生の意識
　　　　　　社員の意識

実践問題2　発表スライドを作成する

■以下の場面を想定して、実際に書いてみよう。

> **場面**
> ゼミでの1回目の発表で自分がこれから行う研究について報告する。研究テーマは、「プレゼンテーションにおける質疑応答の特徴」である。その際に用いる発表スライドを作成したい。

〈発表で話す内容の一部〉

　では、「プレゼンテーションにおける質疑応答の特徴」について発表します。本日の発表では、まず、研究の背景と目的について説明した後、関連分野の先行研究について述べます。次に、研究方法としてどのようなデータを収集し、どのように分析するかをご説明します。最後に、今後の予定についてお話ししたいと思います。

　まず、研究の背景についてですが、ゼミや卒業研究、さらには学会で行われている発表、いわゆるプレゼンテーションは、一般に、研究内容の話と質疑応答からなっています。研究内容の話は、何度も練習し、事前にある程度準備することが可能です。それに対して、質疑応答は、事前に準備していても、想定していない質問が来ることもあり、思うように返答することができなくて、苦手意識を持つ人も多くいます。本研究では、この質疑応答を取り上げます。

　質疑応答に関する問題点としては、質問者側と発表者側の両者に原因が考えられます。質問者については、例えば、一度にたくさんの質問をする、前置きが長すぎて質問の意図が伝わらないなどがあります。一方、発表者については、質問に対して答えがずれていたり、専門用語を使いすぎて相手の理解が得られなかったりするケースが挙げられます。

　これらを双方のコミュニケーションの問題としてとらえる見方もありますが、本研究では、まず、発表者側の問題に焦点を当てて考えていきたいと思います。

本研究の目的は、以下の二点を明らかにすることです。一つ目は、質問に対する回答にどのようなずれが生じるのかについてです。二つ目は、質疑応答時に発表者がどのようなストラテジー*を用いてコミュニケーションを図っているかについてです。ストラテジーについてはいろいろな定義(ていぎ)がなされていますが、定義については、後ほどお話しする先行研究のスライドで詳(くわ)しくご説明します。（以下、略）

*ストラテジー（strategy）：方略。問題解決のための方法。

【内容確認1】内容と合っているものに○、合っていないものに×をつけなさい。

1. （　）この発表では、最初に何をどのような順番で話すかを述べている。
2. （　）この発表では、上手な話し方について説明している。
3. （　）本研究の目的は、質問に対する回答のずれと、スライドの示し方の問題を明らかにすることである。
4. （　）この研究では、発表者側の問題点について取り上げる。

【内容確認2】（　　）に適切な表現を入れなさい。

1. この発表は、（　研究の背景　）、（①　　　　　）、（②　　　　　）、（③　　　　　）、（④　　　　　）から構成されている。

2. プレゼンテーションは、大きく（⑤　　　　　）と（⑥　　　　　）に分けられる。

3. 質疑応答に関する問題には、（⑦　　　　　）の問題点と（⑧　　　　　）の問題点がある。

4. 本研究の目的は、以下の二点を明らかにすることである。
　　・（⑨　　　　　　　　　　　　　　　　　）
　　・（⑩　　　　　　　　　　　　　　　　　）

【スライド作成前の準備】各スライドの構成を考えなさい。

1枚目　　　発表のタイトル、氏名

2枚目　　　発表の内容

3枚目

4枚目

5枚目

発表スライドを作成する　発表スライドの3～5枚目を作成しなさい（文字のみではなく、図式化するなど、わかりやすく工夫すること）。

〈発表スライド〉

プレゼンテーションにおける
質疑応答の特徴

（　氏　名　）

1

発表の内容

1. 研究の背景
2. 研究の目的
3. 先行研究
4. 研究方法
5. 今後の予定

2

3

4

5

《さらに練習しよう》
自分の研究計画について発表スライドを作成してみよう。

実践問題3　インタビューの内容をレポートに書く

■以下の場面を想定して、実際に書いてみよう。

> **場面**
> 「日本人の職業意識」をテーマにしたレポートを書くために、企業に勤めて5年以上10年未満の数名にインタビューを行った。以下は、その一人である木村氏への質問と回答である。この内容をレポートに書きたい。

〈インタビューの一部〉

――現在のお仕事は何ですか。

木村氏：製薬会社の研究員です。会社に入って8年目です。

――今まで働いてきて、どんなところにやりがいを感じていますか。

木村氏：いろいろあって一つ挙げることは難しいんですけど、自分一人の力では難しい仕事でも会社の中のチームで取り組むことで、目標を達成できるところにやりがいを感じてます。もちろん、新しい薬を作ることで病気の人を救うことができる点は、当初から一番ですけどね。最近、社会のために役に立っているのを実感できるようになってきました。

――チームでのお仕事が多いんですか。

木村氏：はい。チームでやると、周りのみんなとの考え方のずれなんかも当然あります。でも、逆に、そのことから今までなかった視点や発想に気づいて、私自身の仕事への姿勢が変わるきっかけにもなります。こういうところにもやりがいを感じますね。仕事は他にもいろいろありますが、どれも自分を成長させてくれるものですね。

（略）

――なるほど。大変貴重なお話、ありがとうございました。

【内容確認１】木村氏について合っているものに○、合っていないものに×をつけなさい。

1. （　）製薬会社で営業の仕事をしている。
2. （　）仕事のやりがいを三つ挙げている。
3. （　）自分一人で目標を達成することにやりがいを感じている。
4. （　）会社の他の人たちと考え方が異なることを肯定的に受け止めている。

【内容確認２】インタビューの内容をレポートに合う表現に言い換えて、（　　　）に適切な一語を入れなさい。

1. 木村氏は、製薬会社の研究員で（①　　　　　）8年目である。

2. 木村氏は、（②　　　　　）では困難な仕事でも（③　　　　　）のチームで取り組むことで達成できることにやりがいを感じている。

3. 木村氏は、（④　　　　　）の開発によって（⑤　　　　　）を救うことができることにやりがいを感じている。

4. 木村氏は、（⑥　　　　　）との考え方のずれから（⑦　　　　　）視点や発想に気づき、（⑧　　　　　）の仕事への姿勢が変わるきっかけになることにやりがいを感じている。

【書く前の準備】インタビューの内容をまとめなさい。

調査協力者： ＿＿木村　あや　氏＿＿（＿32＿歳）
調査日時　： ＿＿6＿月＿4＿日＿＿＿午後3時－4時＿＿＿
調査場所　： ＿＿株式会社　KN製薬　会議室＿＿＿＿

質問項目	回　　答
1.　職　業	製薬会社の研究員　（入社8年目）
2.　仕事のやりがい	・独力では困難な仕事でも社内のチームでの取り組みによって目標を達成できる点 ・＿＿＿＿＿＿＿＿＿＿＿＿＿＿＿＿＿＿＿＿＿＿ ＿＿＿＿＿＿＿＿＿＿＿＿＿＿＿＿＿＿＿＿＿＿＿ ＿＿＿＿＿＿＿＿＿＿＿＿＿＿＿＿＿＿＿＿＿＿＿ ・＿＿＿＿＿＿＿＿＿＿＿＿＿＿＿＿＿＿＿＿＿＿ ＿＿＿＿＿＿＿＿＿＿＿＿＿＿＿＿＿＿＿＿＿＿＿ ＿＿＿＿＿＿＿＿＿＿＿＿＿＿＿＿＿＿＿＿＿＿＿
3.　その他	

◇レポートでは、それぞれのやりがいをどのような順番で書くのがよいだろうか。

| レポートにまとめる | インタビューの内容をレポートの一部として書きなさい。（調査協力者名は、イニシャルで示すこととする。）

〈レポートの一部〉

日本人の職業意識
―インタビュー調査に基づいて―

（　氏　名　）

1. はじめに

　卒業後の進路は、大学生にとって大きな問題の一つである。雇用環境が厳しい中、希望する職種に必ずしも就職できるとは限らない。また、企業で働いていくことへの不安を感じる大学生も少なくない。就職活動では、50社以上の企業にエントリーシートを送る学生もいる。

　このような中で、留学生である筆者は、企業に就職して「働く」ことに対する日本人の意識が母国の状況と異なると感じている。新社会人を対象に行った、公益財団法人日本生産性本部（2011）の調査では、会社を選ぶ基準として、会社の規模や給料よりも、「仕事への魅力」が上位に入っている。筆者の周囲にも仕事にやりがいを求めて就職活動を続ける人がいる。仕事のやりがいというものを日本人はどのように捉えているのだろうか。以下では、仕事のやりがいについて尋ねたインタビュー調査の結果を報告し、日本人の職業意識について考察する。

2. 調査方法

（略）

3. 結果と考察
3.1 インタビューの結果

　本節では、上記2.の調査方法に基づいて、入社5年以上10年未満の者5名に行ったインタビューの内容を順に述べる。なお、調査協力者名は、イニシャルで示す。

A・K氏（入社8年）

　製薬会社の研究員であるA・K氏は、＿＿＿＿＿＿＿＿＿＿＿＿＿＿＿＿＿＿

＿＿＿＿＿＿＿＿＿＿＿＿＿＿＿＿＿＿＿＿＿＿＿＿＿＿＿＿＿＿＿＿＿＿＿＿

＿＿＿＿＿＿＿＿＿＿＿＿＿＿＿＿＿＿＿＿＿＿＿＿＿＿＿＿＿＿＿＿＿＿＿＿

＿＿＿＿＿＿＿＿＿＿＿＿＿＿＿＿＿＿＿＿＿＿＿＿＿＿＿＿＿＿＿＿＿＿＿＿

＿＿＿＿＿＿＿＿＿＿＿＿＿＿＿＿＿＿＿＿＿＿＿＿＿＿＿＿＿＿＿＿＿＿＿＿

＿＿＿＿＿＿＿＿＿＿＿＿＿＿＿＿＿＿＿＿＿＿＿＿＿＿＿＿＿＿＿＿＿＿＿＿

＿＿＿＿＿＿＿＿＿＿＿＿＿＿＿＿＿＿＿＿＿＿＿＿＿＿＿＿＿＿＿＿＿＿＿＿

＿＿＿＿＿＿＿＿＿＿＿＿＿＿＿＿＿＿＿＿＿＿＿＿＿＿＿＿＿＿＿＿＿＿＿＿

＿＿＿＿＿＿＿＿＿＿＿＿＿＿＿＿＿＿＿＿＿＿＿＿＿＿＿＿＿＿＿＿＿＿＿＿

（以下、略）

《さらに練習しよう》

　自分が関心のあるテーマについてインタビュー調査を行い、その内容をレポートにまとめてみよう。

著者

鎌田美千子(かまだ　みちこ)
　東京大学教授。
　東北大学大学院国際文化研究科博士課程前期修了、修士(国際文化)。
　東京工業大学大学院社会理工学研究科博士後期課程修了、博士(学術)。
　著書:『第二言語によるパラフレーズと日本語教育』ココ出版(単著)
　　　　『大学と社会をつなぐライティング教育』くろしお出版(共編著)他。

仁科浩美(にしな　ひろみ)
　山形大学准教授。
　東北大学大学院文学研究科博士課程前期修了、修士(文学)。
　東北大学大学院文学研究科博士課程後期修了、博士(文学)。
　著書:『改訂版 大学・大学院留学生の日本語③論文読解編』アルク(共著)
　　　　『留学生のための考えを伝え合うプレゼンテーション』くろしお出版(単著)他。

イラスト
　内山洋見

装丁・本文デザイン
　畑中猛

アカデミック・ライティングのための
パラフレーズ演習(えんしゅう)

―――――――――――――――――――――

2014年3月4日　初版第1刷発行
2025年3月14日　第10刷発行

著　者　　鎌田美千子(かまだみちこ)　仁科浩美(にしなひろみ)
発行者　　藤嵜政子
発　行　　株式会社スリーエーネットワーク
　　　　　〒102-0083　東京都千代田区麹町3丁目4番
　　　　　　　　　　　トラスティ麹町ビル2F
　　　　　電話　営業　03(5275)2722
　　　　　　　　編集　03(5275)2725
　　　　　https://www.3anet.co.jp/
印　刷　　萩原印刷株式会社

―――――――――――――――――――――

ISBN978-4-88319-681-4　C0081
落丁・乱丁本はお取替えいたします。
本書の全部または一部を無断で複写複製(コピー)することは著作権法上での例外を除き、禁じられています。

スリーエーネットワークの中上級日本語教材

留学生のための
アカデミック・ジャパニーズ

東京外国語大学留学生日本語教育センター ● 編著

聴解中級 B5判 85頁+別冊32頁(スクリプト・解答) CD1枚付
2,200円(税込) 〔ISBN978-4-88319-641-8〕

聴解中上級 B5判 87頁+別冊35頁(スクリプト・解答) CD1枚付
2,200円(税込) 〔ISBN978-4-88319-687-6〕

聴解上級 B5判 85頁+別冊59頁(スクリプト・解答) CD2枚付
2,200円(税込) 〔ISBN978-4-88319-716-3〕

動画で学ぶ大学の講義
B5判 113頁+別冊68頁(スクリプト・解答例)
2,200円(税込) 〔ISBN978-4-88319-789-7〕

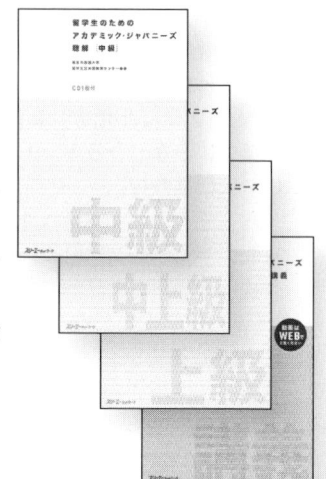

アカデミック・ライティングのための
パラフレーズ演習

鎌田美千子・仁科浩美 ● 著

B5判 74頁+別冊解答15頁(解答例) 1,540円(税込) 〔ISBN978-4-88319-681-4〕

留学生のための
ジャーナリズムの日本語
−新聞・雑誌で学ぶ重要語彙と表現−

一橋大学国際教育交流センター ● 編 澁川晶・高橋紗弥子・庵功雄 ● 著

B5判 130頁+別冊7頁(解答) 2,200円(税込) 〔ISBN978-4-88319-715-6〕

アカデミック・スキルを身につける
聴解・発表ワークブック

犬飼康弘 ● 著

B5判 141頁+別冊(表現・スクリプト)54頁
CD1枚付 2,750円(税込) 〔ISBN978-4-88319-426-1〕

スリーエーネットワーク

ウェブサイトで新刊や日本語セミナーをご案内しております。
https://www.3anet.co.jp/

アカデミック・ライティングのための

パラフレーズ演習

解答例

※他にも適した表現がある場合があります。
本書を自習用として使用する場合には、この点にご留意ください。

第Ⅰ部　単語を言い換える
【解答例】

第1課　書き言葉

ステップ1

【問題】(pp.4-5)

1. 非常に／極めて　　2. 最も　　3. 数多く／多く　　4. ある程度
5. だろうか　　6. ①予習している　　②予習していない
7. 同じではない　　8. しなければならない　　9. が
10. ①多く　　②できるので

ステップ2

【問題】(pp.6-7)

1. 世界には水不足の問題に<u>取り組んでる</u>国が少なくない。
　　　　　　　　　　　　　　→取り組んでいる
2. 1990年代<u>みたいな</u>時代は長く続く<u>ものじゃありません</u>。
　　　　　→のような　　　　→ものではない
3. 問題の解決には、<u>たぶん</u>時間がかかる。
　　　　　　　→おそらく
4. 調査対象人数は5名と少ない。<u>なので</u>、本研究では質的に分析(ぶんせき)する。
　　　　　　　　　　　→そのため／したがって
5. 日本語では「母に時計をいただいた」という表現は<u>だめである</u>。
　　　　　　　　　　　　　　　　→適切ではない／正しくない
6. この制度が運用されて<u>もう</u>5年が経過している。
　　　　　　　　　→すでに
7. これは、東京や大阪<u>なんか</u>の大都市に見られる現象である。
　　　　　　　　→など

8. X市の人口は、10年前から<u>だんだん</u>減少している。
　　　　　　　　　　　　→徐々に／次第に
9. 職業別では大きな特徴は見られなかった。<u>で</u>、次に年代別に比較した。
　　　　　　　　　　　　　　　　　　　　　　→そこで／そのため
10. 市の中心部と工業地域を結ぶ新交通システムの計画が実現されない<u>まんま</u>15年が経過している。　　　　　　　　　　　　　　　→実現されないまま
11. 表示物を見るとき、人は形より色に<u>注目しているんじゃないか</u>という仮説を立てた。
　　　　　　　　　　　　→注目しているのではないか
12. 交通事故は、午後5時前後に発生しやすいと言われている。<u>でも</u>、場所によっても違いがあるのではないだろうか。　　　　　　　　　　→だが／しかし

ステップ3
【問題】(p.8)
①どのように／どのようにして　　②適切に
③リンゴではないという　　　　　④さまざまな

第2課　和語と漢語

ステップ1
【問題】（pp.11-12）

| 1. b | 2. a | 3. b | 4. c | 5. a | 6. c |
| 7. a | 8. a | 9. c | 10. c | 11. a | 12. b |

ステップ2
【問題Ⅰ】（pp.13-14）

1. 申請（しんせい）する
2. 除外した
3. 測定する
4. 合致（がっち）した／一致した
5. 短縮（たんしゅく）する
6. 収集する
7. 縮小する

【問題Ⅱ】（pp.14-15）

1. 所有している／保有している
2. 流出しない
3. 購入（こうにゅう）した
4. 配付した
5. 除去される
6. ①分類した　②抽出（ちゅうしゅつ）する
7. 構築していく

ステップ3
【問題】（p.16）

①発生する　②衝突（しょうとつ）する　③移動しており　④多発する

第3課　名詞化

ステップ1
【問題】（pp.20-21）

1. 返却(へんきゃく)
2. 選択(せんたく)
3. 維持(いじ)
4. 悩み
5. 延び
6. 活用
7. 切断
8. 学び合い
9. 向上
10. 比較

ステップ2
【問題】（pp.22-23）

1. アンケートの実施(じっし)
2. 環境(かんきょう)の整備(せいび)
3. 講演会の開催(かいさい)
4. 海岸の埋め立て
5. 円高の進行
6. ボランティアの育成／ボランティアの養成(ようせい)
7. 受賞の喜び
8. 運転の見合わせ
9. 不況による経営の悪化
10. 情報の正確な伝達

ステップ3
【問題】（p.24）

①地球規模(きぼ)での減少
②ウナギの保護(ほご)
③生態(せいたい)の解明
④影響(えいきょう)の軽減
⑤1930年代に開始

第4課　ジャンルによる使い分け

ステップ1
【問題】 (pp.28-29)

1. 貨幣／通貨
2. 経済
3. 費用
4. 削減する
5. 増加した／増加している
6. 額である
7. 田中（2008）
8. 確認した
9. 上位3社
10. 周囲

ステップ2
【問題】 (pp.30-31)

1. 本論文では、主として日本と韓国に焦点を当てて考察したため、東アジア全体という枠組みからの検討は、今後の課題<u>だ</u>。
　　　　　　　　　　　　　　→である
2. 世界自然保護基金WWFによると、2012年現在1万種以上の動物が絶滅の危機にある<u>そうである</u>。
　　　→という
3. 経営者<u>サイド</u>は、経営方針の転換を検討している。
　　　　　→側
4. 航空運賃の改定は、原油の<u>金額</u>の高騰によるものである。
　　　　　　　　　　　　　→価格
5. 正しい計算式と<u>わざと</u>間違えた計算式を順に被験者に示し、その反応を調べた。
　　　　　　　→故意に／意図的に
6. これまでの研究では、文化面からの検討を<u>やっていない</u>。
　　　　　　　　　　　　　　　　　　　　→行っていない
7. 地球温暖化は、動植物の生態にもさまざまな影響を及ぼしている。例えば、桜の開花が全国的に早まっていること<u>など</u>。
　　　　　　　　　　　　→などである／などがある／などが挙げられる
8. 両国は<u>切っても切れない</u>関係にあり、今後、協力関係を一層強化していくものと推察される。
　　　　→密接な

9. 日本語の「かぼちゃ」が、カンボジア（Cambodia）の国名に由来していることは、面白い。
　→興味深い(きょうみぶかい)

10. A市とB市の間には、ごみ施設をめぐり依然として大きな問題が横たわっている。
　→ある／存在している

ステップ3
【問題】(pp.32-33)
①パーセンテージ → 割合　　　②そうである → という
③示したものだ → 示したものである　　　④水準 → 水準である

総合問題

【問題Ⅰ】(pp.34-35)
①による　　②増加　　③経済　　④変化
⑤若者　　⑥不安定　　⑦改正　　⑧自分

【問題Ⅱ】(p.36)
①発見　　②存在する　　③作成　　④ではなく
⑤写真の撮影(さつえい)／写真撮影　　⑥網羅(もうら)した　　⑦近年　　⑧可能

第Ⅱ部　意味を読み取って言い換える
【解答例】

第1課　長い文／複数の文

ステップ1
【問題】(p.39)
1. 調査を行った場所／調査地
2. 留学経験の有無
3. 性別／男女別
4. ボランティア活動を通して学んだこと
5. 共通した願い／共通する願い

ステップ2
【問題Ⅰ】(p.40)
1. いつからこのような現象が見られるようになったのかは不明である。
　→このような現象が見られるようになった時期
2. 大学生対象のアンケート調査では、悩みを誰に相談するかを尋ねた。
　　　　　　　　　　　　　　→悩みを相談する相手
3. 収集したデータをどのように分類したかを以下に述べる。
　→収集したデータの分類方法／収集データの分類方法
4. 親が何歳なのか、またどのような家族構成なのかなどの面から、子ども自身の職業希望
　→親の年齢や家族構成
　を分析する。
5. 行政による支援が必要か、必要ではないかは、市民の要望を把握してから判断すべきで
　→行政による支援の必要性／行政支援の必要性
　あるという意見が出た。

【問題Ⅱ】(p.41)
1. １月の札幌市（北海道）の平均気温が−3.6度であるのに対し、那覇市（沖縄県）の平均気温は17.0度である。
2. 本章では、日本人の海外留学者数が減少している原因を考察する。
3. リサイクルとして再利用される使用済みのペットボトルの量は、年間15.8万トンにも及ぶ。
4. 国立・私立を問わず、以前から秋入学の実施にあまり積極的ではなかった日本の大学も、今後は、大学の国際化に対応するために、秋入学に移行していくと予想される。

ステップ３

【問題Ⅰ】(p.42)
①最近の小・中学校で行われている朝の10分間読書は、基礎学力の向上にもつながる試みである／最近の小・中学校における朝の10分間読書は、基礎学力の向上にもつながる試みである
②読む本や読む量／読む本やページ数

【問題Ⅱ】(p.43)
図１　大学卒業後の進路を考え始めた時期
図２　大学卒業後に希望する進路

第2課　上位概念

ステップ1
【問題】（p.46）
1. 季節
2. 両親
3. 家具
4. 交通手段
5. 金属
6. 産業

ステップ2
【問題】（p.47）

1. 本研究では、日本で使われているひらがな、カタカナ、漢字について歴史的に考察する。
　　　　　　　　　　　　→文字

2. 調査した国名をA、B、Cの順に並べる。
　　　　　　　→アルファベット順

3. 1円玉、5円玉、10円玉、50円玉、100円玉、500円玉の1年間の製造枚数は、約9億
　　→硬貨

　枚に上る。

4. 1カ月の電気、ガス、灯油などにかかる費用を算出した。
　　　　　→光熱費

5. 来日する外国人観光客の多くが炊飯器、テレビ、掃除機などを購入することを踏まえ
　　　　　　　　　　　→電化製品／家電

　て、ニーズにあった観光プランを計画する。

ステップ3
【問題】（p.48）
①ヨーロッパ　　　　　　　　②欧米

第3課　簡潔な表現

ステップ1

【問題】(p.51)
1. 総額／合計
2. 年間降雨量
3. 激減（げきげん）している
4. 不明である
5. 同居している

ステップ2

【問題】(p.52)
1. 介護に携わる人材の確保は、<u>急いでしなければならないことである</u>。
   　　　　　　　　　　　　　→急務である
2. <u>自由に使える、余った暇な時間</u>の過ごし方に関する調査では、「国内観光旅行」「ドライ
   →余暇
   ブ」「外食」などが上位を占めた。
3. 電気自動車が<u>広く使われること</u>に向けた事業を推進する。
   　　　　　→の普及
4. 飛行機事故の70％以上は、機械の故障ではなく、<u>人が誤って起こしたミス</u>によるもの
   である。　　　　　　　　　　　　　　　→人為的な
5. この大学では、学生の自主性を<u>重要なものとしてとらえている</u>。
   　　　　　　　　　　　　　　→重視している

ステップ3

【問題】(p.53)
車間距離を十分にとって、一定速度で運転すること／十分な車間距離と一定速度で運転すること

第4課　含意／解釈

ステップ1
【問題】(p.56)
1. a　　　2. b　　　3. c　　　4. a　　　5. b

ステップ2
【問題】(p.57)
1. 大学内　　　2. 否定　　　3. 必要である
4. 格差／差

ステップ3
【問題】(p.58)
例．たんぱく質や脂肪、ビタミン、ミネラルも必要である／糖分(とうぶん)だけでは脳が活発に働かない

総合問題

【問題】(pp.59-60)
例．人口減少の問題を抱える町に大工場ができても、その町が活性化するとは限らないといった状況の中で、映画やドラマのロケ地の誘致(ゆうち)が注目されている。単に町の話題になるだけではなく、ロケ地に関係するさまざまな業種に経済効果が生まれるからである。(116字)

第Ⅲ部　目的に応じた形式で書く
【解答例】

実践問題1　文献を引用する

【内容確認】 (p.63)

1. ○　　　　2. ×　　　　3. ×　　　　4. ○

引用する　(p.63)

例．グローバルキャリア教育の目的を「グローバルマインドの啓発・育成・実践を通じて、多文化のもとで問題解決や価値創造に取り組もうとする人材を養成すること」(p.17) とし、グローバルマインドの啓発・育成をなすのは、「第一線の実務家・研究者、参加者との対話や接触から受け取る『インスピレーション』、これによる行動や規範の模倣、価値観の伝播である」(p.17) と述べている。

実践問題2　発表スライドを作成する

【内容確認1】(p.66)
1. ○　　　2. ×　　　3. ×　　　4. ○

【内容確認2】(pp.66)
①目的　　②先行研究　　③研究方法　　④今後の予定　　⑤研究内容の話
⑥質疑応答　　⑦質問者側　　⑧発表者側　　⑨質問に対する回答のずれ
⑩質疑応答時における発表者側のストラテジー

【スライド作成前の準備】(p.67)
例．　3枚目　研究の背景①…プレゼンテーション、研究内容の話、質疑応答
　　　4枚目　研究の背景②…質疑応答に関する問題点（質問者側、発表者側）
　　　5枚目　研究の目的（質問に対する回答のずれ、質疑応答時における発表者側のストラテジー）

発表スライドを作成する　(pp.68-69)

例．

1. 研究の背景①

プレゼンテーション
（ゼミ・卒業研究・学会など）

研究内容の話
事前準備が可能

質疑応答
苦手意識を持つ人が多い

3

1. 研究の背景②

質疑応答に関する問題点

質問者側…質問が多い
　　　　　前置きが長い　など

発表者側…回答がずれる
　　　　　専門用語の多用　など

4

2. 研究の目的

以下の二点を明らかにする
　1. 質問に対する回答のずれ
　2. 質疑応答時における発表者側のストラテジー

5

実践問題3　インタビューの内容をレポートに書く

【内容確認１】(p.71)
1. ×　　　　2. ○　　　　3. ×　　　　4. ○

【内容確認２】(p.71)
①入社　　②独力／個人／一人　　③社内　　④新薬　　⑤病人
⑥周囲　　⑦新しい／新たな　　⑧自分自身／自分／自身

【書く前の準備】(p.72)
例.

2. 仕事のやりがい	・新薬の開発を通して病人を救うことができる点 ・周囲との考え方のずれから新しい視点や発想に気づき、自分自身の仕事への姿勢が変わるきっかけになる点
3. その他	・仕事を通して成長しようとする様子がうかがえる。

レポートにまとめる (pp.73-74)

例. 仕事のやりがいとして、以下の三つを挙げている。第一に、新薬の開発によって病人を救うことができる点である。第二に、独力では困難な仕事でも社内のチームでの取り組みによって目標を達成できる点である。第三に、周囲との考え方のずれから新しい視点や発想に気づき、自分自身の仕事への姿勢が変わるきっかけになる点である。こうしたA・K氏の発言からは、仕事を通して成長しようとする様子がうかがえる。